KB260743

성공비법

자연에서 찾은

성공비법

초판 1쇄 인쇄 | 2011년 3월 10일
초판 1쇄 발행 | 2011년 3월 15일
지은이 | 고경순
발행인 | 황인욱
발행처 | 圖書出版 오래

디자인 | 피앤피디자인(www.ibook4u.co.kr)
주 소 | 서울특별시 용산구 한강로2가 156-13
이메일 | ore@orebook.com
전 화 | (02)797-8786~7, 070-4109-9966
팩 스 | (02)797-9911
홈페이지 | www.orebook.com
출판신고번호 | 제302-2010-000029호

ISBN 978-89-94707-18-1 (03320)

성공비법

고경순 지음

圖書出版 오래

미국 벤처소스그룹 대표 데이비드 리는 실리콘밸리의 성공요인을 다음과 같이 간결한 방정식으로 제시한 바 있다.

$$Success = Q + I + S + M - P^2$$

이 공식을 살펴보면 품질(Quality)이 시원찮으면 고객으로부터 사랑을 받지 못하므로, 고객의 입장에서 볼 때 혁신(Innovation)적이어야 한다. 또한 경영진은 우수(Smart)해야 하며 필요한 자금(Money)을 제때에 조달할 수 있어야 하고, 고객의 고통(Pain)을 확실히 덜어주는 제품을 만들어야 성공한다는 말이다.

그렇다면 개인의 성공방정식은 어떻게 나타낼 수 있을까? 실리콘밸리의 성공방정식을 참고해서 표현할 수 있을 뿐만 아니라 어떤 부분은 그대로 적용할 수 있겠다는 생각이 퍼뜩 떠올랐다. 이것은 단순한 필자의 직관만이 아니라 필자가 직접 만난 많은 성공인의 생생한 증언을 비롯하여 성공사례 같은 간접 자료, 그리고 필자의 오랜 경험에서 나온 것이다. 그 공식을 정리해보면 다음과 같다.

$$\text{Success} = Q + (R - C) + P^2$$

여기에서 Q는 개인의 인품(Quality of individuality)이다. 물품에 품질이 있듯이 사람에게도 품격이 있다. 인품이 좋아야 다른 사람들로부터 신뢰와 존경을 받고 노동시장에서 높은 평가를 받는다. 이러한 인품은 무엇보다도 그 사람의 덕망과 실력에 의해 결정된다.

R은 인간관계(Human Relation)를 가리킨다. 인간의 상호작용은 3C의 형태로 나타난다. 협동(cooperation), 경쟁(competition), 갈등(conflict)이 그것이다. 여기서 R은 3C 중에서 주로 협동의 인간관계를 가리킨다. 사람은 혼자서는 살 수 없고 어떤 거래관계도 성립될 수 없다. 인생과 과업에 성공하려면 나 혼자만으로는 안 되며, 다른 사람과의 협력이 필요한 법이다.

또한 선의의 경쟁은 서로 자극을 주어 각자의 실력(경쟁력)을 쌓는 데 도움을 주므로 이 성공방정식에서 경쟁은 인간관계(R)가 아니라 오히려 개인 인품(Q)의 결정요인에 포함되었다.

이 공식에서 개인의 성공은 그 사람의 인품, 인간관계, 그리고 고통의 결정체라는 의미를 나타낸다. 하지만 현실에서는 선의의 경쟁을 넘어 악의의 갈등관계가 생길 수 있다. 갈등은 서로에게 이롭지 못하다. 따라서 공식에서는 빼기(−)로 나타난다. 그러므로 C는 바로 그 갈등 C(conflict)를 말하는 것이다. 한편 갈등을 넘어 서로가 다시 화합하여 협동할 때도 있는데, 이 경우는 물론 갈등도 순기능으로 바뀔 수 있다.

P는 자신이 성공목표로 가는 과정에서 겪는 고통(Pain)을 가리킨다. 다시 말해 '고통을 견디며 이겨내는 의지'를 뜻한다. 피와 땀, 그리고 눈물로 나타나는 고통은 오래 참고 기다려야 하므로 P^2로 표시해 강조했다. 앞의 실리콘밸리의 P^2는 빼기(−)로 나타냈지만 개인의 성공방정식에서는 오히려 더하고 제곱으로 표시했는데, 이것은 그 대상이 상대방이 아니고 자기 자신을 가리키기 때문이다.

앞으로 이 책에서는 이러한 개인의 성공방정식의 요소에 관해 하나하나 살펴보며 의미 있는 이야기를 나눠보려고 한다. 이야기를 좀 더 재미있고 부드럽게 하면서 그 의미를 탐구하기 위해 먼저 동·식물과 자연에서 성공의 단서와 시사점을 찾았다. 그런 다음 그것들이 사회에서 어떻게 응용되며, 실제 행동으로 옮길 수 있을까를 생각해 봤다.

산 넘고 물 건너 먹이를 찾아 이동하는 순록과 누 떼, 코끼리 무리, 그리고 철 따라 수만 리를 날아다니는 도요새, 두루미, 기러기 같은 새들의 모습에서 우리는 인생과 경영의 지혜를 배운다.

경쟁과 협동, 갈등의 상호작용 속에서 다른 생물들이 생존하고 번성하려는 몸부림은 사람이 사는 세상의 모습과 크게 다르지 않으므로 성공적인 인간관계와 조직의 경영관리에 있어서 우리가 본받을 만한 것도 적지 않다. 먹이와 이성, 혹은 생활 터전이나 높은 자리를 차지하려는 치열한 경쟁 속에서 벌어지는 자연현상은 그대로 인간

사회에서도 나타나니 말이다.

자연은 우리에게 먹고 입고 살 곳을 비롯하여 활동할 공간을 준다. 하늘의 해, 달, 별은 사랑과 꿈을 주고, 숲 속의 나무는 산소를 내뿜을 뿐만 아니라 우리의 마음을 편안하게 해준다.

그래서 미국의 사상가이자 시인인 에머슨은 "자연은 인간의 학교"라고 말했다. 이는 인간이 지적인 면에서 가장 영특하다고 하더라도 감성(감각)이나 삶의 의지 면에서는 동·식물에게 배울 점이 많다는 뜻이 아닐까. 또한 자연은 인간에게 질서와 조화의 아름다움뿐만 아니라 혁신의 실마리를 제공하기도 한다. 실제로 인간이 쓰는 많은 발명과 발견은 자연을 본뜬 것이 많다.

『한비자(韓非子)』란 책에 노련[1]한 말에 관한 재미있는 이야기가 실려 있다. 중국 춘추시대 제(齊)나라의 관중(管仲)과 습붕(隰朋)이 그 임금인 환공(桓公)을 따라 고죽국(孤竹國 : 하북성)을 쳤는데 봄에 출정했다가 겨울이 되어서야 돌아오게 되었다. 그런데 낯선 땅인데다 계절이 바뀌자 지형(地形)을 분간하기 어려워서 길을 잃고 헤매게 되었다. 이때 관중이 "늙은 말의 지혜를 이용할 만합니다"라고 하여 늙은 말을 풀어놓고 그 뒤를 따라가 마침내 길을 찾았다. 늙은 말은 오랜 경험에 의하여 길을 찾았던 것이다. 여기서 '노마지지(老馬之智)'라는 고사성어가 생겨났다고 한다.

그러나 곧 산길로 들어서니 먹을 물이 없어 모두 목이 말라 못 견딜 지경에 이르렀다. 이때 습붕이 나서서 "개미는 여름에는 산의 북쪽에, 겨울에는 따뜻한 산의 남쪽에 서식하는 습성을 지니고 있습니다. 흙이 한 치(寸)쯤 쌓인 개미집이 있으면 그 땅속 일곱 자쯤 되는 곳에 물이 있다고 합니다. 한번 산기슭 남쪽으로 내려가 개미집을 찾아보면 어떨까요?"라고 말했다. 환공은 옳다구나 생각하고 습붕의 말대로 개미집을 찾아 여덟 자를 팠다. 그랬더니 역시 물을 구할 수 있었다.

위의 이야기에 덧붙여 한비자는 제자들에게 이렇게 말했다고 전해진다.

"관중이나 습붕 같은 지혜로운 이는 모르는 것이 있으면 말이나 개미를 스승으로 삼는 것을 망설이지 않았다. 그런데 오늘날에 사람들은 어리석으면서도 지혜로운 성인을 스승으로 여기는 일을 알지 못하니 매우 안타까운 일이다."

그렇다. 젊은이는 일을 추진해 나갈 때 경륜이 많은 노인의 지혜를 빌릴 필요가 있다. 그뿐만 아니라 동·식물을 비롯한 대자연 속에서도 배울만한 삶과 경영의 지혜가 많다는 사실 또한 깨달아야 한다.

야생의 대초원에서 때로는 코끼리 무리가 눈먼 할머니 코끼리를 따른다는 사실은 단순히 경로 정신에서가 아니라 무리의 생존을 위한 최선의 안전장치가 아닐까.

사람들은 때때로 못된 사람을 '개 같은' 사람이라고 욕하고, 외도하는 남자를 가리켜 '늑대'라고 손가락질한다. 그러나 개는 결코 주인을 배신하지 않으며, 늑대는 조강지처와 해로하는 것으로 알려졌다.

또 영장류의 동물은 경쟁자와 피 터지게 싸우기도 하지만 한쪽에서 '졌다'고 목을 내밀면 그것을 수용하는 '사회적 자제력'을 보인다고 노벨생리의학상을 탄 동물행동학자 콘라드 로렌츠(Konrad Lorentz)는 이야기하였다.

인간을 포함한 거의 모든 동물은 가족을 사랑하며 공동생활을 한다. 아빠 늑대가 사냥에 성공하여 집에 돌아오면서 "어으~" 하고 신호를 보내면 집에서 침을 삼키며 기다리던 가족들이 "아으~" 하며 화답한다. 그들의 노래는 바로 인간의 '해피 세레나데' 합창과 똑같지 않은가. 돌고래가 죽어갈 때 주변의 돌고래들이 그의 마지막을 지켜주는 모습은 인간의 영결식을 어쩌면 그렇게 빼어 닮았는지……

북극권의 혹한 속에서도 지의류는 끈질기게 살아 있고 아주 짧은 여름 동안 재빨리 꽃을 피워 열매를 맺는다. 빙산에 사는 북극곰의 일생은 티베트의 '차마고도(茶馬古道)'를 넘던 사람들의 삶보다 더 위험하고 장엄한 여정인지도 모른다.

최근에 방영된 다큐멘터리 영화 '지구'에서는 지구온난화로 말미암아 산산이 부서진 빙산 조각 위에서 하염없이 바다를 바라보는 북극곰 가족을 한참 동안 비춰주고 있었다. 북극곰을 살리자는 절규가 빙산에 메아리치는 듯하다. 동·식물을 비롯한 다른 생명이 못 사는 곳에서는 사람도 살 수 없다든데······.

사람들은 새처럼 날고 싶어 비행기를 만들었고, 발레리나의 포인트 슈즈도 역시 하늘로 솟구쳐 날고 싶은 욕망에서 고안된 것이라고 한다. 그러나 새도 비행기도 발레리나도 결국 지구라는 땅으로 다시 돌아와야 한다. 모두가 지구의 중력에 지배를 받는 운명에서 결코 벗어나지 못하며, 먼 우주여행을 갔더라도 우주 미아가 되지 말고 산소와 물, 그리고 먹이가 있는 곳, '어머니의 땅' 지구로 돌아와야 한다. 사람이 이주해서 살만한 또 다른 별을 발견하기 전에는 인류의 유일한 고향인 지구로 돌아올 수밖에 없고, 생태계의 다른 종(種)들과 어울려 함께 살아야 한다.

"인간은 모름지기 자연의 이자로만 삶을 꾸려나가야 한다"는 『토지』의 작가 박경리 선생의 말씀이 생각난다. 과연 인간의 참된 성공과 행복은 무엇이며 어떻게 찾을 것인가를 고심할 때 자연은 때때로 '나를 따라서 해보라'는 듯 우리 인간들에게 그 실마리를 건네주곤 한다.

공진화·공생이 그 키워드이다. 경쟁하되 함께 진화하며, 공존·공영을 도모하는 것이다. 이러한 원리를 만물의 영장인 우리 인간은 다른 사람을 통한 학습에서 주로 얻는다. 그런데 그 진리의 원천이 동·식물과 미생물 같은 생물뿐만 아니라 모든 자연 속에서 거의 다 발견될 수 있다는 사실을 우리가 새삼스럽게 깨닫는 순간, 자연의 신비와 경이로움에 감탄하지 않을 수 없다.

우리는 이 책을 통해 대자연 속으로 들어가 동·식물을 비롯한 자연이 과연 우리 자신의 인생과 사업의 성공전략에 어떤 지침이 될 만한 단서나 신호를 보내왔으며, 또한 보내고 있는지 생각하며 느껴 보려고 한다.

그러면 어떻게 자연 속에서 인간의 행복한 성공 단서와 성공 비법들을 찾을 수 있단 말인가? 인간과 자연의 혼돈을 설명하는 프랙탈(fractal) 이론이 생각난다. 대자연 속에서 축척에 따라 자신과 같은 모습이 반복되는 성질을 자기 유사성(self-similiarity)이라고 하며, 이러한 구조를 가진 도형을 프랙탈이라고 한다. 프랙탈과 자기 유사성은 다양한 복잡계에서 나타나는 현상으로서 혼돈이론을 포함하여 자기 조직화된 임계현상 등과 관련성이 높다.[2]

다시 말해 작은 구조가 전체 구조와 비슷한 형태로 끝없이 되풀이되는 구조가 바로 프랙탈이다. 동·식물의 세계는 자연과 닮은꼴이요, 기본적으로 인간의 세계와도 다를 것이 없다는 것이다. 이미 죽은 생물체라 하더라도 유전형질의 전달과 단백질 합성작용을 맡은 핵산(DNA)을 알면 어느 생물 개체의 세포인지를 식별할 수 있으니 말이다.[3]

우리가 다른 사람에게서 배우고 따라하듯이 살아 있는 동·식물과 말 없는 자연에서도 얼마든지 배울 거리를 찾을 수 있다. 산은 목표를 향해 도전해 보라는 듯 우리에게 손짓하고 강은 덧없이 흐르는 인생을 돌아보게 한다. 그리고 길가의 민들레는 밟히고 눌려도 다시 살아나는 끈질긴 생명력과 함께 멀리 자신의 홀씨를 날려 보내는 꿋꿋한 종족확산의 의지를 보여준다.

그 밖에 통합적인 관점과 실증적 경험 사례 등을 가지고 독자와 서로 교감이 이뤄지는 교차로에서 이 책은 당신의 '행복한 성공의 길'을 안내하려고 한다.

행복한 성공인생의 길은 우선 지·덕·체의 통합체로서 '전인격'을 잘 갈고 닦으며 마음에 드는 반려자와 함께 단란한 가정을 이루는 가운데 나타나는 것이 보통이다. 게다가 어떤 일을 잘해낼 수 있는 능력을 갖추고 자신이 소망하는 바를 끈기 있게 실천해 나가는 의지가 있으면, 마침내 어느 날 성취의 보람과 즐거움으로 나타날 것이다.

요컨대 행복한 성공을 위해서는 먼저 자신의 인성(인격)을 잘 수련해야 한다. 그리고 자신이 속한 집단에서 적절한 리더십을 발휘해야 성공으로 가는 인생항로를 제대로 헤쳐나가는 멋진 키잡이가 될 수 있다. 이 항로에서 당신을 성공으로 이끄는 돛과 바람은 경쟁과 협동이다. 그 두 가지가 서로 조화를 이루어 합해져서 앞으로 나아갈 때 당신의 경쟁력은 높아질 것이다. 그리고 경쟁, 협동과 함께 통합적 관점에서 자기 브랜드의 이미지 관리가 뒤따라야 한다.

미국의 사업가이자 시인인 사무엘 울만이 78세에 쓴 명시 '청춘(Youth)'에서 보듯이 나이는 하나의 숫자일 뿐, 누구나 '마음의 청춘'을 누리며 살 수 있다. 결국 나이가 젊거나 마음이 젊은 사람은 누구든지 이 책의 독자가 될 만하다는 이야기다. 잠시 울만의 시 '청춘'의 한 구절을 읊어 보자.

청춘은 인생의 어느 기간을 말하는 것이 아니라
어떤 마음가짐을 뜻하나니
장밋빛 볼, 붉은 입술, 강인한 육신을 뜻하지 않고
풍부한 상상력, 왕성한 감수성과 의지력 그리고
인생의 깊은 샘에서 솟아나는 참신함을 뜻하나니

이 책은 특히 젊은이들의 행복한 인생 설계와 성공전략의 수행에 도움이 될 것이라고 믿으며, 다음과 같은 이유로 한 번 읽고 음미해 보라고 독자들에게 감히 권하고 싶다.

첫째, 성공과 행복이라는 두 마리 토끼를 함께 잡을 수 있는 전략이 담겨 있다. 먼저 동·식물과 자연에서 사람이 배울 만한 행태를 살펴볼 수 있으며, '행복한 성공'을 거둔 사람들의 증언들이 상당히 많이 소개되었다. 이것들은 독자의 인생설계와 실현 전략을 짜는 데 있어서 하나의 좋은 준거가 될 수 있을 것이다.

둘째, 이 한 권의 책에서 성공과 행복의 성(城)으로 가는 로드맵을 볼 수 있다. 성공과 행복에 관한 서적은 시중에 이미 많이 나와 있지만, 마인드를 바탕으로 행복한 성공전략을 통합적 시각에서 한 권으로 엮은 책은 보기 드물다. 성공 마인드는 성공의 로드맵이요, 전략은 나침반이다. 지도와 나침반에 따라 길을 떠나면 행복한 성공이 눈앞에 다가올 것이다.

셋째, 자연스럽고도 재미있게 읽을 수 있으면서 음미할수록 의미가 있는 내용으로 가득 차 있다. 에세이 타입의 이야기책처럼 자유스럽고도 파격적인 소재와 표현이 많지만, 나름대로 의미 있는 메시지를 담고 있다.

이 책은 성공전략의 3가지 핵심요소(인품, 인간관계, 실행의지)에 초점을 맞췄다. 경쟁력을 갖춘 인품은 성공의 원동력이요, 협동심을 지닌 인간관계는 폭발력 있는 에너지이다. 그리고 고통을 견디며 목표를 향한 실행의지는 올바른 방향을 잡는 핸들이라고 말할 수 있다. 이러한 요건들이 유기적인 시스템으로 잘 짜이고 힘차게 돌아갈 때 당신의 성공은 예약된 것이나 마찬가지가 아닐까.

여기서 말하는 유기적 시스템의 사령탑은 바로 당신의 뇌이다. 뇌에서 위의 세 가지 요소들이 상호작용하며 당신의 마음(생각, 감정, 의지 등)과 몸을 움직인다. 그러한 생각과 행동이 쌓여 습관이 되고 성격 내지 인격으로 발전된다. 인격은 당신의 운명을 가름하는 성공의 기본 자산이며, 당신의 대외적 경쟁 및 협동 능력은 기능적 자산이다. 이러한 자산들은 당신만의 브랜드 자산으로 자리매김하게 될 것이다.

오늘날과 같은 복잡한 세상에서는 학문이나 기술, 그리고 산업현장에서도 통합, 통섭의 눈으로 세상을 보는 경향이 유행하고 있다.

생물학·뇌과학, 경영학을 비롯하여 성공 및 행복과 관련된 책들에 관한 자료가 없었다면 이 책은 탄생할 수 없었을 것이다. 관련된 많은 저자에게 감사한 마음을 한꺼번에 전하고 싶다.

여러모로 출판계가 어려운 때에 이 책의 출간을 결심하신 황인욱 사장님, 그리고 편집부 권기우 님께 깊은 감사의 말씀을 드린다. 또한 나와 우리 가족의 행복한 성공 인생을 위해 지금까지 헌신적으로 도와준 아내에게 고마운 마음을 전하며 사랑하는 가족과 믿음직한 친구들을 마음속에 새기고 싶다.

섬돌 고경순

인내와 의지로 P²(고통) 이기기　　　　　Chapter 3

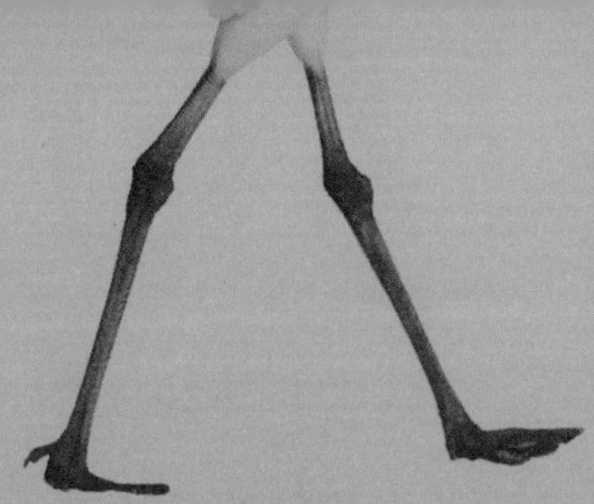

Chapter 1

경쟁력을 갖춘
Q인품 만들기

하버드 대학 졸업생들의 삶을 추적 조사한 연구결과들을 보면, 삶에서 가장 중요한 것은 인간관계이며, 행복은 결국 사람을 사랑하는 마음에서 온다고 한다. 이는 성공의 요인이 지능보다 인격이 중요하고 어떤 기회의 포착능력과 선택한 일에 대한 노력 여하에 달렸다는 것이다. 그래서 우리는 1장에서 인품에 관한 이야기를 나눠보려고 한다. 인품은 인격과 마음, 실력 등으로 이뤄지는데, 우선 인격과 마음을 주제로 논의해보자.

인격을
갈고 닦아라

도덕성을 갖춰라

돈이 많거나 재주가 뛰어난 사람은 '난 사람'이요, 학식이 많은 사람은 '든 사람'이라고 남들이 부러워한다. 그런데 모든 사람으로부터 존경을 받는 사람은 '된 사람'이다. 그는 지(智)·덕(德)·체(體)의 통합체로서 인격을 고루 갖춘 사람인 까닭이다.

난 사람, 든 사람은 남들로부터 부러움의 대상이지만, 된 사람처럼 다른 사람들의 신뢰와 존경을 받는다는 보장은 없다. 그러므로 된 사람, 즉 참다운 인격이 바로 행복한 성공의 기본 요건이요, '보이지 않는 자산'이라고 말할 수 있다.

인격은 심리학의 아버지 윌리엄 제임스의 설명과 같이 '생각→행동→습관→성격→인격'의 단계를 거쳐 형성된다. 이 모든 과정과 체능(건강)에 관한 이야기는 다른 책으로 미루고, 이 책에서는 인격의 형성 요소인 지·덕·체 중에서 덕과 지에 관련된 이야기에 초점을 두고자 한다.

먼저 '덕'에 관한 이야기부터 시작해보자. 인류를 만물의 영장으로 만든 요소 중 하나로 도덕적 본성을 꼽을 수 있다. 사람에게 선과 악, 옳고 그름을 판별하는 능력이 없었다면 아마도 이 세상은 약육강식의 '정글의 법칙'이 지배했을 것이다.

아리스토텔레스는 인간의 행복은 '덕'에서 나온다고 말했는데 이는 '덕은 인간의 본성을 탁월하게 실행하도록 해주는 도구'이기 때문이다. 철학자들은 윤리적 판단이 이성과 감성 어느 쪽에 의해 가능한 것인지를 놓고 오랫동안 논쟁을 벌였으나 해답을 얻지 못했다. 관념론자인 독일의 임마누엘 칸트는 옳고 그름은 합리적으로 판단된다고 주장한 반면, 경험론자인 영국의 데이비드 흄은 "도덕은 판단되기보다는 느껴지는 것"이라고 주장했다.[4]

될성부른 나무는 떡잎부터 알아본다고 했든가. 연구결과에 따르면, 많은 위인의 성공 뒤에는 빛나는 도덕성이 있었다고 한다. 사람의 능력을 나타내는 많은 지수 중 MQ(moral quotient)는 도덕지능을 따지는 지수다. IQ(intelligent quotient)처럼 수치화할 수는 없어도 인간관계와 거래관계 등에 있어서 IQ보다 훨씬 중요하다.

이것은 『도덕지능』의 저자인 하버드 대학교 로버트 콜스 교수가 주장한 것으로, 착하고 남을 배려할 줄 아는 사람이 성공한다는 것이다. 콜스 교수는 MQ는 어린이들이 도덕적인 규칙들을 암기하거나 교실에서의 추상적인 토론, 가정의 순응교육에 의해서 길러지지 않는다고 말한다. 사회생활에서 다른 사람들과 잘 지내고 올바르게 처신하는 것을 보고 들으면서 키울 수 있다는 것이다.[5] 콜스 교수는 이러한 MQ는 주로 어린 시절에 형성되기 쉽다고 보고했지만 어른이 돼서도 마음먹고 수련하기에 따라 그 지수가 높아질 수 있다고 여겨진다.

존귀한 인간에게 위해를 가하거나 소중한 자연환경을 훼손하는 행위 따위는 도덕의 울타리를 넘는 일탈행위로서 법의 제재를 받아 마땅하다. 그런데 법망에는 걸리지 않지만 미풍양속이나 예의범절에 어긋나는 행위를 하거나 '도덕적 해이(moral hazard)'가 우리의 눈살을 찌푸리게 하며 어떤 때는 혀를 차게 만든다.

이러한 행위를 하는 사람(조직)은 다른 사람들로부터 결코 신뢰와 존경을 받지 못한다. 따라서 그러한 개인(조직)은 다른 사람들과의 관계가 소원해지거나 의심 속에서 피상적인 관계만 지속할 뿐이다. 다시 말해 그 사람(조직)의 '브랜드 자산(brand equity)' 가치는 떨어질 것이다.

우리나라에서 고위 공직자에 대한 국회의 인사청문회 제도가 도입된 지 10년이 되었다고 한다. 그동안 청문회 도중 낙마하거나 스스로 사퇴한 사람은 말할 나위도 없고, 그 관문을 통과해 고위직을 수행한 사람 중 부도덕하거나 심지어는 법을 어긴 사람도 적지 않았다. 예를 들어 병역 면제나 세금 감면의 사유에 대해 모호한 변명을 하는 이가 적지 않았고 '위장전입'이면 그걸로 물러나야 마땅할 터인데 "미안하지만…… 그래도 나는 능력이 있으니까 그 자리를 차지하고 싶다"는 인상을 준 사람도 없지 않았다.

카멜레온의 위장전술은 자기보호를 위한 것이므로 그냥 봐줄 만하다. 하지만 자신만의 이익을 위해 남에게 손해를 끼친 사람의 위장전입에 대해서 법은 물론이고 국민 정서가 용인하지 않는다. 이러한 불법행위와 나쁜 버릇을 고치지 않고 관계 당국에서 그냥 눈감아 준다면 '선진한국'의 개막은 요원한 이야기가 아닐 수 없다.

현시대는 이미 문자와 사진 등이 한꺼번에 교류되는 멀티미디어가 넘쳐나고 언제 어디서나 정보를 나누며 거래와 결제까지 할 수 있는 유비쿼터스 사회로 바뀌었다. 이렇게 지식과 정보가 모든 사람에게 공표되고 공유하는 사회에서는 국민에게 거짓말을 하는 사람이 존경받는 사회지도자로 남기 어려울 것이다.

특히 정치인은 오로지 표를 얻기 위한 포퓰리즘에 빠지지 말고 출마할 때부터 진정으로 사회정의와 국익을 위한 공약을 내걸어야 하며 당선된 후엔 그 공약을 성실하게 지키는 노력을 해야 마땅하다. 그렇지 못하고 공약(公約)이 흐지부지 돼버린다면 그러한 정치인을 국민이 뭐라고 부르겠는가? 이솝 우화에 나오는 '양치기 소년'이라 하지 않을까.

C식품의 K사장은 말투는 다소 어눌하지만 정직한 인상을 준다.

"내가 먹고 내 손자도 먹는 음식이 아니면 결코 만들어 팔지 않는다" 고 진솔하게 말한다. 그 회사는 소비자들의 신뢰를 얻어 짧은 기간 동안 부쩍 성장했다.

도덕성은 인품의 심지요, 경쟁력의 뿌리라고 말할 수 있다. 따라서 자신의 이익을 추구하는 건 필요하지만, 그 이익을 추구하는 방법은 도덕성을 비롯한 사회상규에 어긋나지 않아야 한다.

그러므로 앞으로 어느 분야에서든 많은 이에게 존경받으며 성공을 꿈꾸는 사람은 관련된 전문지식과 능력을 쌓기에 앞서 정직, 신용, 겸손, 사랑의 덕성을 갈고 닦아야 하며 더 나아가 지 · 덕 · 체를 고루 갖춘 참다운 인격자가 되어야 한다.

인품이 곧 성공의 바탕이다

바람직한 '미래 자아'를 그리며 끊임없이 '전인격'을 갈고 닦아라

'지 · 덕 · 체'의 통합체인 '전인격'을 도야하는 것이 인간다운 삶의 기본이다. 나쁜 생각과 행동은 버리고 좋은 생각과 행동을 습관화하는 것이 인격수련의 요체이다. 다시 말해 전인격을 갖추는 여러 요소 중에서도 가장 중요한 것은 사람다운 사람, 곧 덕망이 있는 사람이 되는 것이다.

진실로 인간미가 넘쳐흐르는 덕망 있는 사람이 되려면 무엇보다

늘 욕구관리를 해야 한다. 하루에도 몇 번씩은 식욕과 성욕 등의 신체적·생리적 욕구가 생기게 마련인데, 이러한 1차적 욕구를 뇌에서 판단하고 잘 처리해야 한다. 2차적 욕구(사회적 욕구, 자아실현 욕구 등)도 그 양과 질뿐만 아니라 준비과정 및 실현 시기 등을 잘 조절하여야 한다. 요컨대 살아 있는 동안 도덕지수(MQ)를 높이도록 끊임없이 수련해야 한다.

윤동주의 '서시(序詩)'에 나오듯 '죽는 날까지 하늘을 우러러 한 점 부끄러움이 없기를'을 실천하면서 사는 사람은 참다운 자유인이다. 그렇게 자유로운 덕성에다가 어떤 일을 할 수 있는 지식을 겸비한 사람, 곧 '된 사람'이라는 평판을 들을 때 사람들이 당신의 주위에 몰리고 그들과의 두터운 신뢰관계가 이뤄질 것이다.

자신감을 가지고 바람직한 '미래 자아'를 그리며 살자

당신은 이 세상에 하나밖에 없는 소중한 존재이다. 자신을 대표한다는 자신감을 가지고 바람직한 '미래 자아'를 그리며 지금, 여기서 온 힘을 다 하는 삶을 살아갈 때 '행복한 성공'은 예약된 셈이며 또한 실제로 성공확률이 높아진다.

자신감은 목표와 '미래 자아'에 대한 긍정적 자기예언에서 나온다. '미래 자아'를 제때에 완성하려면 필요한 경우 미래를 위해 현재의 만족을 유보할 수 있어야 하며, 꾸준한 실력 연마의 길밖에 없을 것이다.

사람들은 자신의 참다운 인격을 갈고 닦기 위해 부모와 스승을 비롯하여 존경하는 성현의 행적을 본따서 실현하려고 한다. 또한 사람들은 흔히 자신의 적성과 주특기 등을 생각하면서 그 분야의 성공인을 자신의 '롤(역할) 모델'로 삼고자 한다. '롤 모델 닮기'는 너무 지나치면 주체성이 흔들릴 수 있겠지만 미래의 자화상을 그리며 실현해 나가는데 생각과 행동의 길잡이요, 응원군이 될 수 있다.

김연아 선수는 어렸을 적 미셸 콴의 아이스링크에서 연습한 적이 있었다. 이후 김연아는 미셸 콴을 자신의 롤 모델로, 콴은 김연아의 팬이 되어 아껴주었다. 이렇듯 세계적인 피겨스타를 후견인으로 뒀다는 점은 김연아에겐 행운이었다. 어느 날 마침내 김연아가 그녀를 뛰어넘었다는 평가를 받게 된 순간, 콴 선수의 얼굴에도 마치 청출어람(靑出於藍)의 모습을 보는 듯 흐뭇한 미소가 흐르지 않던가.

그런데 이러한 롤 모델이 꼭 사람이어야만 하는 것은 아니다. 사람을 주된 롤 모델로 삼되 동·식물(예를 들어 반딧불이, 거북이, 사군자 등)과 자연(별, 바다, 빛과 소금 등)에서도 자신의 부가적인 롤 모델이 나올 수 있다.

소명의식과 장인정신을 살려라

동물의 영혼과 장인정신

영혼이 다름 아닌 정신 내지 초이성의 마음이라고 본다면 비록 인간만큼 심오하거나 높지는 못하지만, 동물들도 순수한 영혼을 가지고 있는 것 같다. 물론 그 영혼은 자신과 종족의 생존 및 번성을 위해 작동하지만 말이다.

코끼리가 독사에 물려서 죽을 때, 그리고 인간의 농약 때문에 죽은 까마귀를 다른 까마귀들이 하늘을 맴돌며 위로하는 장면이라든지, 인간처럼 동료들이 죽었을 때 영결식을 치르는 듯한 돌고래의 행태를 보면 '정말 동물도 영혼이 있구나' 하는 생각이 들 것이다. 헌혈 박쥐의 호혜적 협동이나 조그마한 도요새가 수만 리 바다를 횡단하기 위해 자신의 장기까지 구조조정하며 온 힘을 다하여 비행하는 모습을 보면서 지능과 영혼이 없는 본능만으로 설명하려 한다면 지나친 편견이 아닐까?

장인정신 측면에서 동물들을 본다면, 북극곰은 물범이나 다른 먹이가 나타날 때까지 얼음 구멍 옆에서 참을성 있게 기다리며 얼음과 눈으로 집을 짓고 산다. 이걸 이누이트족들이 본떠서 이글루라는 집을 짓고 살게 된 것이며, 사냥법도 북극곰을 따라한 것이다.

거미의 집짓기 솜씨와 사냥 솜씨는 살펴보면 볼수록 인간이 감탄하지 않을 수 없다. 개미와 벌, 누에, 그리고 새들의 보금자리 틀기는 정교할 뿐만 아니라 소재를 구하기 어려운 환경에서일수록 온갖 희생과 정성스런 노력으로 만들어진다.

필자는 경기도 이천군(시) 신둔초등학교에 다녔다. 지금은 사람들에게 잘 알려진 도요촌이다. 신둔면 사음리는 예부터 사기막골로 불렸다. 사기그릇을 만드는 막(가마)이 있는 동네라는 뜻이다. 면사무소와 필자가 다닌 초등학교는 사음리에서 가까운 수광리에 있는데 여기에는 옛날부터 도요 판매상들이 자리 잡고 있었다.

6·25 동란 때 미군부대가 초등학교에 주둔하고 있어서 우리는 3년간 인근 마을에 있는 가마터에서 멍석과 가마니를 깔고 공부를 하였다. 흙으로 돔처럼 둥글게 만든 가마 두 개를 튼 것이 하나의 교실이었다. 그때는 전란 중이라 가마에 불을 때고 그릇이나 도자기를 생산하는 모습을 하나도 볼 수 없었지만, 나중에 도요 장인들의 말을 들어보니까 '흙, 불, 인간'의 삼박자가 잘 어우러져야 비로소 신묘한 빛을 내는 도자기의 명작이 나온다고 한다. 소재와 불 지피기, 그리고 장인(匠人)의 영혼이 담겨야 한다는 말이다. 고려청자 수준의 명작은 몇백 대 일의 확률로 겨우 하나를 만나볼 수 있을까 말까 하는 정도라고 한다.

최근 자동차에서 신뢰의 상징이었던 도요타를 비롯하여 현대차, 기아차 등도 안전상의 결함으로 대규모 리콜 사태를 겪었다. 특히 도요타는 그들이 자랑해오던 장인정신과 끊임없는 '가이젠(개선)' 노력에 심각한 문제가 있는 것으로 드러났다. 참다운 장인정신은 원가를 줄이려고 원료나 부품을 너무 아끼는 것이 아니라 좋은 원료를 사용하여 정성을 다해 만드는 것, 즉 소비자를 위하는 마음에 있다는 걸 일깨워준다.

필자가 어렸을 때 우리 집에서는 누에를 쳤다. 특히 누에가 허물을 벗기 시작할 무렵이면 어머니는 행여나 부정 탈세라 뽕잎뿐만 아니라 당신의 손발까지도 깨끗하게 씻고 마치 제수를 올리듯 정성스레 누에에게 뽕잎을 먹이셨다.

마침내 다섯 번 허물 벗은 누에는 해맑은 자태로 누에섶에서 혼신의 힘을 다해 입에서 실을 뽑아내어 누에고치를 만든다. 자신을 죽여 실을 만드는 것이다. 사실은 누에고치를 유택으로 삼고 자신은 번데기로 변신한다. 언젠가는 나방으로 부활할 것을 기약하면서 말이다. 이러한 누에의 모습은 누에 팔자(∞, 누에고치의 모양)를 스스로 마무리 지으며, 마치 살신성인의 모습을 우리 인간에게 보여주는 것 같다. 1998년 20세기 마지막 혁신제품의 하나인 독일의 비아그라에 대응하여 우리나라에서도 '누에그라' 라는 남성 발기 촉진제가 나왔으니 누에의 인간사랑은 죽어서도 끝나지 않나 보다.

또한 누에의 변신하는 과정에서 자기적응을 게을리하지 않으며 다시 누에씨로 부활하기까지 참고 기다리는 인내와 슬기로운 얼도 우리 인간이 배울 만하지 않은가.[6]

하나의 제품을 만들고 서비스를 제공하는 사람들은 다섯 번 허물

을 벗고 정결한 몸과 마음으로 정성껏 자신의 작품을 만드는 누에를
거울삼아 오로지 고객을 위해 정성을 다하는 노력을 하여야 한다.
일찍이 생산현장에서 펼쳐진 '무결점 운동'이나 오늘날 펼쳐지고 있
는 6시그마 운동은 결국 불량품을 거의 없애고 좋은 품질의 제품을
생산하자는 활동인데, 이것들은 누에의 '티 없이 정갈한 실 뽑기'에
서 그 실마리를 찾은 것인지도 모른다.

요즈음 어떤 일에 통달하고 또한 그 일의 속도가 정확한 사람을 일
러 달인이라고 하며 그들이 주목을 받고 있다. 그러나 달인보다 속
도는 느리지만 정교하고도 영혼을 담은 작품을 만드는 일 또한 참으
로 멋지다. 그러한 장인정신은 한국을 빛내고 부가가치가 높은 상품
으로 나타나기도 한다. 고려청자를 빚고 안성 유기를 만든 우리 민
족의 두뇌와 솜씨는 오늘날 IT 산업을 비롯하여 철강, 조선, 자동차,
고속철도, 원자력 발전기술과 정밀산업 분야 등에 걸쳐 그 맥을 잇
고 있어서 우리의 마음을 든든하게 한다.

뚜렷한 소명의식

개미, 벌 같은 군집생활을 하는 곤충이나 리카온(아프리카 들개), 여
우, 늑대 같은 집단 사냥을 하며 사는 육식동물들은 자신의 위상과
역할에 따라 집단의 이익을 위해 목숨을 걸고 온 힘을 다한다. 개미,
흰개미, 거미, 벌, 비버 같은 동물들은 정성을 다해 집단이 살 집을
짓는다. 이들은 지혜로울 뿐만 아니라 온 힘을 다하는 소명의식과

장인정신의 자연 편을 보는 듯하다.

우리 주위에서 보면, 자신이 맡은 일에 목숨을 걸고 충실한 행동을 한 사례는 매우 많다. 불 속에 뛰어들어 사람을 살리고 순직한 소방대원이나 탄광의 막장에 갇힌 동료를 구하려다가 함께 희생된 광부, 수많은 순국열사와 순교자, 전몰용사 등 감동적인 이야기가 많이 전해진다. 이렇게 투철한 소명 의식을 가지고 자기의 직분을 다 하는 분들의 감동 어린 이야기를 들을 때마다 필자는 눈시울이 뜨거워지는 것을 어찌할 수 없다.

일은 돈 버는 수단이 아니라 그 자체로 즐거운 '삶의 목적'이라고 말할 수 있다. 그런 맥락에서 "1979년 이후 태어난 이른바 '밀레니엄 세대'는 금전적 보상이 아닌 보람과 성취를 기준으로 직장을 선택하는 경향이 있다"[7]는 최근의 조사결과는 반가운 소식이 아닐 수 없다.

근로자는 단순히 노동을 파는 사람이 아니다. 자신이 맡은 일은 조직을 대표한다는 주인의식과 자부심을 느끼며 일에 몰입할 때 본인과 조직이 함께 상생한다. 본인이 만든 상품이나 고객에게 제공하는 서비스에 대해 스스로가 만족할 때 직업에 대한 애착심이 생기고 고객과 조직으로부터 호평을 받게 될 것이 아닌가.

인도 다바왈라의 철저한 직업의식은 본받을 만한 사례다. 다바왈라들은 수많은 점심 도시락을 배달하지만, 배달장소와 시간이 거의 틀리지 않는다. 하루에 17만 5,000~20만 개의 도시락을 4,500~5,000

명의 다바왈라가 배달하는 것으로 추산된다.

영국의 경제전문지 「이코노미스트」에 따르면, 600만 개 배달에 대해 행선지가 잘못된 '배달 사고'는 단 1건이었다고 한다. 통계적으로 99.9999%가 넘는 엄청난 정확성이다. 미 CBS 방송은 그 비밀이 다바왈라 배달의 '단순성'에 있다고 보도한 바 있다.

고도의 품질관리를 위해 실행하는 불량률 6시그마(6σ, 100만 분의 3.4가량) 운동을 뺨칠 만큼 다바왈라 산업이 정확도를 자랑하는 성과의 원천은 무엇보다도 각 다바왈라가 한결같이 자기 직업에 대한 애착심을 가지고 고객에게 감동을 주려는 마음에 있지 않을까?

영성이 있는 일터를 만들어라

최근 「포춘」이 선정한 '일하기 좋은 100대 기업'에서는 영성(spirituality)이 있는 일터라는 공통점이 발견되었다. 한편 2020년이면 현재 정보·통신 산업을 기반으로 하는 지식사회를 지나 지식 이상의 가치와 목표를 중시하는 '영성의 시대'가 온다고 세계적 미래학자 윌리엄 하라 교수는 예언했다.

여기서 영성이 있다는 것은 사람의 품성과 됨됨이를 강조하고, 강한 기업윤리와 타인의 이익을 위해 자신이 기꺼이 헌신하려는 태도를 말하는 것이다.[8] 이처럼 사람들은 요즈음 종교적인 영성을 세속에 접목해 사용한다.

그러면 과연 종교가 윤리의 토양이 된 것이 사실인가? 맞다. 종교의 가르침이 내세에 관한 것 말고는 윤리와 충돌되는 경우가 처음부터 거의 없었으니까 이는 그리 새삼스러운 일은 아닌 것 같다. 결국 종교적 신앙은 현세에서 인간다운 삶과 윤리적 경영에 도움을 줄 수 있다는 이야기다. 그리고 현실적으로 누구나 종교 공동체의 일원으로서 상호부조하는 관계가 될 수 있다.

하지만 때때로 종교나 교파 간, 심지어는 같은 교회나 성당, 사찰 안에서조차 구성원 간에 갈등이 생기는 예도 없지 않다. 따라서 조직생활에서 이념과 양심에 관한 주제는 함부로 화두에 올리지 않는 게 현명하다. 인간관계에서 평소에 친한 사이라 하더라도 이러한 신념의 차이로 감정이 상해서 결국 등을 돌리는 사이가 되는 일이 많기 때문이다. 그러므로 상대편의 믿음과 생각을 존중하는 게 중요하다. 보다 적극적으로 상대편의 입장에서 생각하는 게 참된 영성의 모습이 아닐까.

지나친 욕심은 버려라

탐욕은 불행을 낳는다

우리가 세상에 태어날 때는 손을 꽉 쥐고 나오지만, 떠날 때는 두 손을 활짝 펴고 간다. 물질적인 측면만 볼 때 사람은 사는 동안 필요한 만큼만 소유하면 된다. 물론 그것조차 쉽지 않아 어렵게 사는 사람도 적지 않다. 여기서는 돈이나 권력 등을 필요 이상으로 밝히다가 마음 편히 살지 못하는 사람이 많다는 이야기만 나눠보기로 하자.

'고도원의 아침편지'(2008.07.10)에는 '원숭이의 사냥법'에 관한 이야기가 다음과 같이 소개되어 있다.

> 인도의 열대림에서는 특이한 방법으로 원숭이를 잡는다. 작은 나무 상자 속에 원숭이가 좋아하는 견과류를 넣은 뒤, 위쪽에 손만 들어갈 정도의 작은 구멍을 뚫어 놓는다. 그러면 작은 구멍에 손을 넣어 먹이를 움켜쥔 원숭이는 구멍에서 손을 빼지 못하고 사냥꾼들에게 잡히게 된다. 잡은 것은 놓지 않는 원숭이의 습성을 이용한 사냥법이다. 원숭이를 비웃을 일이 아니다. 우리도 때때로 똑같은 어리석음을 저지른다. 아무것도 아닌 것을 움켜쥔 채 끝내 손을 펴지 않아 나락으로 떨어지는 경우가 참으로 많다.

돈과 권력에 연연하여 패가망신하는 경우가 얼마나 많은가. 아버지 관 앞에서부터 유산 분배를 놓고 싸우는 자녀를 종종 보는가 하면 권력을 잡기 위해 온갖 권모술수를 쓰는 사례가 너무나 많다. 그래서 미국의 신학자 라인홀트 니부어는 "권력은 독이다"라고 외쳤나 보다. 필자의 지인을 비롯하여 주변에서 권력 지향적인 많은 사람을 수십 년간 지켜본 결과 '권력욕은 중독이다. 한번 맛보면 아편처럼 그걸 떨쳐버리기가 어렵구나' 라는 사실을 뼈저리게 느꼈다. 그렇다고 '수신제가치국평천하'를 하겠다는 뜻을 가진 사람이 모두 올바른 길을 걷고 있지 않다거나 필요 없다는 말은 결코 아니다. 국가와 국민을 위한 올바르고 어진 정치는 언제 어디서나 필요하다.

인간의 탐욕 3가지

인간을 괴롭히는 처절한 3가지 유혹은 성욕, 부욕(富慾), 그리고 교만이라는 말이 예로부터 전해온다. 인간의 모든 불행의 시작은 이들 중 두세 가지를 갈망하는 데에서 비롯되는 것이므로 이러한 욕망에서 벗어나기 위해 인간은 내적인 수련에 공을 들여왔다.[9]

"부욕을 절제하라"고 하면 "적당히 채워라. 어떤 그릇에 물을 채우려 할 때 지나치게 채우고자 하면 곧 넘치고 말 것이다. 모든 불행은 스스로 만족함을 모르는 데서 비롯된다"라는 계영배 이야기가 떠오른다. 계영배는 중국 제나라 환공이 애용한 것으로 이조 말엽의 거상 임상옥을 주인공으로 한 최인호의 소설 『상도』에서도 나오는 말이다.

임상옥은 일찍이 큰 스님으로부터 물려받은 계영배(가득 채우면 술이 모두 사라지고 7부만 채우면 그대로 남아 있다는 신기한 술잔으로 과음을 경계하기 위해 옆에 구멍이 나 있는 절주배)의 가르침에 따라 큰 것을 채우려면 먼저 비워야 한다는 상도를 깨달아 실천하였다. 그는 이 잔을 "재물은 평등하기가 물과 같고, 사람은 바르기가 저울과 같다"라는 뜻으로 썼다.

가장 간단한 행복의 공식은 "행복＝소유/욕망"이라고 말할 수 있다. 행복하려면 소유를 늘리거나 욕망을 줄이는 것이다. 소유를 맘대로 할 수 없다면(실제로 그렇다), 욕망을 줄일 수밖에 없지 않은가. 또한 행복은 즐거운 것이지만 너무 즐거운 것을 탐하면 그 순간 행복은 멀어져 간다. 그렇기 때문에 고통과 즐거움은 동전의 양면처럼 항상 따라다닌다는 것을 생각하며 살아야 한다.

인간의 욕구는 앞뒤로 보나 깊이로 보나 끝이 없는 것 같다. 따라서 인간은 이성과 양심으로써 이를 통제하지 않으면 행복한 성공은 고사하고 인간답게 살지 못할 것이다. 젊은 날에 가장 큰 유혹의 하나인 성욕이라든지 너무 즐겨서 탈이 나는 게임 중독 현상 따위는 모질게 마음먹고 절제하지 않으면 몸과 마음이 상하기 쉽다.

흔히 사람이나 동물은 나중에 얻을 보상보다는 적더라도 당장 손에 쥘 수 있는 이익을 얻으려는 경향이 많다고 한다. 그럼에도 불구하고 "순간의 욕구를 참아낸 아이들이 성공한다"는 마시멜로 법칙은 성인인 우리에게도 시사하는 바가 크다.

눈앞에는 달콤한 마시멜로가 가득 있고 지금 먹으면 한 개를 주고 15분을 참고 기다리면 두 개를 준다고 할 때 기다린 아이는 청소년이 되어서 미국의 대학 입학 자격시험인 SAT 점수도 높았고, 직업적 성취도 성공적이었다. 이러한 '자기 통제'가 성공의 핵심이라는 마시멜로 법칙의 추적 조사가 요즘 미국에서 주목받고 있다.[10]

누구나 나이를 먹으면 늙고 병들고 죽게 마련이지만 '건강하게 오래 살고 싶다' 는 것은 모든 사람의 욕망이다. 그렇다면 건강하게 오래 사는 비결은 무엇일까? 이원종 교수(강원대)가 세계의 3대 장수 마을인 에콰도르 빌카밤바, 중국 바마, 프랑스 엘리스를 돌아보고 얻은 해답은 '절제하며 소박하게 살라' 는 것이다. 그들은 대부분 어려운 환경 속에서 살고 있다. 척박한 땅에서 살다 보니 아껴 먹을 수밖에 없고, 자신들이 열심히 일을 해서 재배한 곡물과 채소, 깊은 바다에서 자연적으로 자란 해산물을 먹고 있다. 도정하지 않은 곡물, 과일과 채소 등 거친 음식을 많이 먹다 보니 식이 섬유와 생리활성 물질을 많이 섭취하고 있는 셈이다.

이렇듯 그들의 삶을 살펴보면 배울 것이 많다. 위에서 말한 것과 같이 그들은 주어진 환경에서 최선을 다하고 있다. 자기가 살고 있는 지역에서 나오는 음식을 먹고 있으며, 생계를 유지하기 위해 고령임에도 열심히 몸을 움직여 살아가고 있다. 적포도주가 몸에 좋다고 과음하지 않으며 채식이 좋다고 야채와 과일만 먹는 것이 아니라 필요에 따라 고기도 먹는다. 그러나 절대로 지나치게 먹지 않는다.[11] 그들은 욕심을 버리고 관조하며 산다.

여기서 짚고 넘어갈 것은 필요한 욕구와 소망을 품지 않거나 지나치게 절제하라는 것은 아니다. 사람마다 그리고 상황에 따라 욕구와 소망은 다르고 또한 변하기 때문이다.

욕구이론 중 브룸의 '기대이론(expectancy theory)' 이 있다. 개인의 모티베이션(motivation) 정도는 최종 보상에 대해 개인이 느끼는 매력 정도와 성과 수준의 관계로 설명한다. 예를 들어 노력을 하면 높은 성과 수준을 통해 승진과 보너스를 기대할 수 있다는 생각이 그 사람으로 하여금 열심히 일하게 한다는 것이다. 이러한 기대이론은 장차 개인의 성공 목표 달성에서 얻을 수 있는 것에 대한 기대감 때문에 현재의 고통을 감수하면서도 열심히 공부하고 일한다는 이치를 설명해준다. 또한 이것은 부모가 자식을 위하여, 혹은 내 집(혹은 보다 큰 집) 마련을 위해 지금 당장 쓰고 싶은 돈을 안 쓰고 아끼며 나중에 '연기된 만족'을 누리려는 이유도 설명해준다.

적극적 사고와 긍정 심리가 성공을 부른다

사막의 건기에도 물을 찾아 뿌리를 내리려는 식물들의 도전은 적극적이라는 표현보다 차라리 목숨을 건 투쟁이라고 말해야 옳다. 그들은 물을 만날 때까지 생존의 희망을 절대 포기하지 않는다. 그리고 사냥꾼들(사자, 치타 등)이 곳곳에서 나타나는 세렝게티 대초원에서 사냥감들(가젤, 얼룩말 등)은 느긋하게 풀을 뜯는다. 언제고 사냥꾼이 나타나겠지만, 앞에 그 낌새가 보이지 않는 한 여유 있게 풀 뜯기를 즐긴다. 그러다가 사냥꾼이 나타나면 거의 동시에 전속력으로 도망간다. 그들의 유일한 주특기인 갈지(之)자로 방향을 바꾸며 "걸음아, 나 살려라"를 외치면서 말이다. 이러한 적극적 사고와 느긋한 긍정심리가 행복한 성공을 불러온다.

적극적이고 긍정적인 마음을 가져라

먹이를 찾는 동물들은 대개 적극적인 사고와 행동을 한다. 한두 번 실패했다고 해서 좌절하거나 쉽게 포기하지 않는다. 먹이가 부족한 상황이거나 새끼를 키울 때는 더욱 그렇다. 누 떼나 철새들, 그리고 돌고래들의 이동, 늑대의 사냥 따위에서 얼마든지 그 모습이 발견된다.

행복에 대한 여러 심리학자의 생각은 비록 그 강조점이 조금씩 다르더라도, 자율의사에 따라 적극적으로 생각하고 긍정적인 마음으로 자기 인생을 즐겁고 의미 있게 사는 데 몰입한다면, 행복이 온다는 데에 의견이 일치한다. 행복이라는 노래는 '의미'라는 가사에다가 '재미'라는 가락을 붙인 것이다. 즐겁게 일하고 웃으며 사는 게 행복한 삶이며 열심히 노력하되 간간이 여가를 즐기는 것 또한 행복의 모습이다.

한편 긍정심리는 건강한 몸과 마음을 가져다준다. 긍정은 우선 나를 사랑하고 믿으며 미래에 대한 밝은 희망을 품는 데서 출발한다. 더 나아가 사회와 조직의 현재를 사랑하고 미래에 대한 낙관적 기대로 나타난다. 하지만 개인이나 민족에 대한 맹목적 자기도취증(narcissism)은 자연스러운 사랑의 감정이 아니라 왜곡된 흥분 상태라고 볼 수밖에 없다. 그리고 희망의 싹을 틔우고 가꾸려는 실천의지가 없는 데도 낙관적인 사람이 있다면 그것 역시 조화로운 마음이 아닐 것이다.

적극적이고도 긍정적인 삶은 일을 잘 풀리게 하고 성공의 추진 에너지가 된다. 그러므로 항상 자신에게 긍정적인 말을 하면서 사는 게 좋다. 왜냐하면 잘될 것이라고 힘차게 말하며 즐겁게 살면 실제로 일이 잘 돌아가고, 반대로 걱정과 두려움 같은 부정적인 생각 속에 휩싸여 있으면 실제 생활에서도 그렇게 나타나기 쉽기 때문이다.

적극적 사고

동기부여 연설에 탁월한 노먼 빈센트 필 목사는 그의 저서 『적극적 사고방식』에서 사고방식의 변화를 통해 자신의 삶을 변화시킬 수 있다고 강조한다. 그는 부정의 감정을 긍정의 사고방식으로 바꾸면 두려움과 절망 그리고 자포자기로부터 또 다른 희망과 새로운 자신감을 되살릴 수 있다고 말하면서, 마음의 평화와 성공으로 사람들을 안내하고 실패를 절대 두려워하지 말라고 일러준다.

필 목사는 "자신을 가치 있는 사람이라고 생각하고 칭찬과 존경을 받기에 충분한 인간이라고 생각하라. 그러면 결국 사람은 마음속에서 그리는 대로 된다"라고 말하며, 흔들리는 자신을 지탱하고 싶을 때는 어떻게 하는 것이 좋을까라는 질문에 "행복을 바란다면 되고 싶은 사람의 인물상을 마음에 새겨라. 자신감에 넘치고, 결단력 있고, 유능하며, 냉정하고 침착한 사람이 되도록 확신하며 노력하라. 그리하여 두렵다고 생각되는 '불안의 장벽'을 돌파하라"고 말하고 있다.[12]

이어서 필 목사는 긍정의 사고와 행동을 강조하는 뜻에서 '노(no)'를 거꾸로 쓰면 전진을 의미하는 '온(on)'이 된다며 발상의 전환을 강조하였다. "모든 문제에는 반드시 문제를 푸는 열쇠가 있으니 끊임없이 생각하고 찾아내라"고 그는 주문한다.

필이 쓴 책의 제목은 『적극적 사고방식』이지만, 그 내용의 대부분은 '긍정 심리'이듯이 사실상 '적극적'과 '긍정적'이란 말은 같은 뜻이다. 다만 심리(마음)라는 말 속에 생각이 포함된다는 점에서 적극적 사고는 긍정 심리에 포함되는 개념이다. 그런데 긍정 심리학에서는 사실상 심리에 사고보다 감성에 초점을 두는 경향이 있어 두 개념이 헷갈리기 쉽다.

긍정 심리

생각(사고)과 감성(정서)은 서로 영향을 준다. 예를 들어 우리가 과거의 즐거웠던 사건을 회상하면 즐거워지고, 무서웠던 사건을 기억하면 다시 공포에 떨게 된다. 이와 마찬가지로 우리의 감성도 생각에 영향을 준다. 즐거운 상태에서는 더욱 유연하고 독창적으로 생각하고, 긍정적 감성은 우리의 삶에 활력을 주고 마음의 평화를 가져다준다. 따라서 긍정의 마음은 행복한 성공을 불러온다.

사람은 누구나 여러 가지 복합적인 상황 속에서 불행한 느낌도 동시에 지니고 살기 때문에 행복감의 지수는 긍정적 감성(희망, 기쁨, 열정 등) 점수에서 부정적 감성(불안, 슬픔, 분노 등) 점수를 뺀 것으로 봐야 한다는 것이 심리학의 일반론이라는 사실에 유의해야 한다.

이처럼 현실적으로 우리가 부정적 감정을 무시할 수 없으므로 긍정과 부정의 감성에서 조화로운 균형이 요구된다. 그러나 주관적 안녕 또는 행복과 관련하여 볼 때 좀 더 긍정적 감성에 비중을 두는 것이 행복을 창출하고 유지하는 데 도움이 될 것이다.

창조적 에너지원을 만드는 절차

"개인의 긍정적인 생각은 우주 에너지와 만나 소망을 실현하는 에너지원이 된다." 『영혼의 마케팅』을 지은 조 비테일의 말이다. 그는 영혼은 만물에 존재하며 만물 안에서 작용한다고 봤다. 영혼은 언제나 어떤 법칙(law)에 따라 나타나므로 자신의 영혼이 마케팅을 하면 성공하리라는 확신을 가지고 말한 것이다. 여기서 영혼은 종교적인 개념은 아니다.

조 비테일은 백만장자가 되는 비결, 곧 창조적 에너지원을 만드는 절차를 다음과 같이 다섯 단계로 제시하였다.[13] 요컨대 즐거운 마음으로 부지런히 일하고 인맥을 잘 활용해야 성공한다는 것이다.

1단계, 당신이 원하지 않는 것이 무엇인지 알라.

2단계, 원하는 것을 선택하라.

3단계, 부정적인 감정, 자기능력을 제한하는 감정을 깨끗이 없애라.

4단계, 원하는 일을 이루었을 때의 기분을 느껴보라.

5단계, 내버려두고 느긋하게 기다려라. 당신의 직관적인 충동에 따라 행동하면서, 소망하는 일이 실현되기를 기다려라.

자신에게 긍정적인 예언을 하라

당신이 좋게 생각하면 정말 좋게 이뤄진다. 의약계에서 엄마손 효과를 설명하는 이론이 플라시보 효과이다. 이것은 실제로는 치료에 생리적으로 도움이 되는 약이 아닌데도 단지 환자가 도움이 될 것이라고 믿고 복용함으로써 병세가 호전되는 현상을 말한다.

반대로 당신이 나쁘게 생각하면 진짜로 나쁘게 이뤄진다. 이는 노시보 효과이다. 스스로 죽을병에 걸린 것 같다고 믿고 있거나 의사에게 두 달밖에 살지 못할 것이라는 말을 들으면 그대로 되기 쉽다는 것이다.

한편 자신에 대한 다른 사람의 기대나 관심으로 말미암아 자신이 하는 일의 능률이 오르거나 결과가 좋아질 수 있다. 이는 피그말리온 효과(Pygmalion effect)다. 미국의 교육학자인 로젠탈과 제이콥슨이 밝혀낸 것으로 로젠탈 효과, '자성적 예언', 혹은 '자기충족의 예언'이라고도 한다.[14]

식물도 고통을 느끼며 칭찬을 좋아한다

칭찬은 놀라운 힘을 가진다. 칭찬받는 사람을 즐겁고 신나게 할 뿐만 아니라 칭찬하는 사람 또한 즐겁고 신나는 공명의 마당을 만들어준다. 간절히 희망하면 이루어지는 피그말리온 효과처럼 칭찬 또한 지속적으로 하게 되면 그대로 이루어지는 놀라운 힘을 지녔다.

1966년 클리브 백스터 박사는 여러 실험을 반복해 본 결과, 결국 "화초가 사람의 마음을 읽을 수 있다"는 자신도 이해하기 어려운 결론을 내릴 수밖에 없었다. 화초 앞에서 종이에 불을 붙이겠다는 생각을 하고 성냥에 불을 켜면 화초는 평온한 상태를 유지하였고, 잎사귀에 불을 붙이겠다는 생각을 하면 거짓말탐지기의 눈금이 거칠게 움직이는 상황을 여러 번 목격했기 때문이다. 또한 연구진들은 누군가 화초에 아름답다는 칭찬과 함께 사랑한다는 마음을 보내면 화초가 씩씩하게 잘 자라고 오랫동안 살며, 반대로 누가 그들을 싫어하고 미워하면 금방 비실대다 죽는다는 연구결과도 발표하였는

데, 이는 다른 학자들의 실험결과로도 확인되었다.[15]

작은 식물도 이러한데 놀라운 잠재능력을 갖춘 사람은 어떨까. "좋은 칭찬 한마디에 두 달은 살 수 있다"는 말이 있다. 칭찬은 사기와 용기를 만들어내는 원천이며 상상하지도 못할 잠재능력을 끌어내는 강력한 에너지가 된다.[16]

주변의 사람들에게도 격려와 칭찬을 해줄수록 좋다. 그 사람의 기분이 좋아지면 나도 기분이 좋아지기 마련이며, 만일 상대에게 기분 나쁜 언행을 한다면 보다 부정적인 감정이 부메랑 효과로 말미암아 나에게 되돌아올지도 모르기 때문이다.

남이 나를 칭찬하지 않는다면 스스로 자신을 사랑하며 격려하라

누구나 칭찬을 받으면 기분 좋게 일에 몰두할 수 있게 된다. 당신의 주위에 당신은 미래에 반드시 성공할 수 있다며 독려해주는 사람이 많을수록 성공은 더욱 가까워진다(피그말리온 효과).

당신이 하늘을 우러러 한 점 부끄러움이 없고 사회적으로도 수용할 수 있는 의미 있는 일을 하는 데 유감스럽게도 알아주고 격려해주는 사람이 없다면 스스로 자신에게 격려의 말을 하도록 하자. 이른바 자기 동기부여(self-motivation)이다. 스스로에게 기대를 걸어 긍정적인 태도를 갖게 되면 남의 말에도 귀를 기울이게 되고 누구에게나 웃는 표정으로 대할 수 있게 되며, 이어서 신바람이 나게 마련이다. 자신을 먼저 사랑하고 이웃을 사랑하라. 자신을 사랑하지 않고 격려하지 않는 사람이 이웃을 사랑하며 또한 격려한다는 것은 부자연스럽고도 어려운 일이다.

좌·우뇌로 성공하고 우뇌로 행복을 누려라

뇌과학에 의하면 좌뇌와 우뇌 사이에는 2억 개가량의 섬유 다발인 뇌량이 있어 좌·우뇌 간의 상호작용을 돕는다고 한다. 즉, 좌뇌와 우뇌가 완전히 분리된 기능을 수행하는 건 아니다. 다니엘 핑크, 리처드 왓슨 등 미래학자들은 감성·창의·종합의 능력을 맡는 우뇌가 앞으로 좌뇌보다 중요해질 것이라고 말하며, 다니엘 질스 같은 뇌과학자도 이에 동조한다.

그러나 한스 게오르크 호이젤(신경마케팅, 행동경제학적 접근) 박사는 다음과 같이 다른 견해를 내놓는다.

"저는 그 의견에 50%만 찬성합니다. 제가 보기엔 뇌의 모든 부분이 감성적입니다. 다만 좌뇌는 테스토스테론(남성호르몬)이 더 많이 있어 좀 더 낙관적이지만 우뇌는 에스트로겐(여성호르몬)이 많이 분포되어 있어 마음을 여리게 만들고 근심, 걱정을 만들어냅니다. 좌뇌가 좀 더 분석적이고 우뇌가 좀 더 교감적이라는 점에서는 두 사람 의견에 동의하지만, 사람들이 어떤 결정을 내릴 때 양쪽 뇌를 모두 사용하는 것은 분명합니다. 감정과 이성은 서로 대립하는 개념이 아닙니다.”[17]

이처럼 전문가 사이에도 이견이 있지만, 여기서는 일단 좌·우뇌의 기능을 그 비중에 따라 분리해서 보기로 한다.

점점 복잡해지는 세상에서 자신의 주특기와 적성을 잘 간파하고 미래를 예견하려면 드높은 하늘에서 사냥감을 찾는 '독수리의 눈'이 필요하다. 멀리, 그리고 직관적으로 보는 우뇌의 역할이 우선 중요하다는 말이다.

그 다음 사냥감을 겨냥하고 작전에 성공하려면, 사냥감의 동태를 살피면서 자신의 날갯짓과 에너지의 소모량 같은 계산이 뒤따라야 한다. 이때가 바로 좌뇌가 나서야 할 시기이다.

좌뇌는 '왜?'라는 질문과 함께 그것의 해답을 찾는 역할을 맡는다. 그런 점에서 사람이 만물의 영장이라는 평가를 받는 것이다.

전문 분야에 따라 분석적인 좌뇌가 더 많이 활용되는 경우(예를 들어 이성·인지·논리·분석 등)도 있고, 반대로 종합적인 우뇌가 더 많이 활용되는 경우(예를 들어 감성·감각·창의·직관 등)가 있으므로 자신의 두뇌 형에 맞는 일을 해야 성공 가능성이 커진다. 물론 좌·우뇌의 통합적 활용이 더 효율적인 경우도 많다.

그래서 로저 마틴 교수도 『디자인 씽킹(Design Thinking)』에서 기업은 분석적 사고에 기반을 둔 완벽한 숙련과 직관적 사고에 근거한

창조성을 조화시켜야 한다고 주장한다. 분석이나 직관 중 어느 한 쪽을 제거해야만 하는 양자택일의 선택이 아니라 두 가지 사고방식을 조화시켜야 한다는 것이다. 이런 통합적인 사고방식을 그는 '디자인 씽킹'이라고 부른다.[18]

지식 정보화 사회에서는 뇌의 힘(뇌력)이 곧 경쟁력이다. 그러므로 좌뇌든, 우뇌든, 혹은 좌우뇌 함께든 빛나는 창작물(아이디어, 발견, 발명 등)을 내놓아야 한다. 남들에게 필요한 새로운 것을 내놓는 사람에게 사회(회사 등)는 그가 원하는 대가(지위, 명성, 돈, 휴가 등)를 기꺼이 내준다.

그런데 이러한 아이디어가 제때에 툭 튀어나오려면 이전에 오랫동안 뇌 속에 저장된 지적 퇴적층이 두꺼워야 한다. 뇌의 지식창고에 다학문적 지식이 넓게 깔리고 특정한 부문에 관한 전문적 식견이 깊게 쌓여 있을 때 비로소 조그만 자극에도 필요한 아이디어의 뇌관이 팍 터져 나오게 마련이다. 한마디로 말해 똑똑한 뇌에서 똑똑한 생각이 나온다.

똑똑한 뇌 만들기는 독서가 최고라고 한다. 독서는 전두엽을 자극하여 '스스로 생각하는 힘'을 키워준다. TV나 인터넷 같은 영상매체보다 책(전자책 포함)이나 신문 같은 인쇄매체를 더 많이 읽고 생각하는 습관을 길러야 한다.

조지 프리드먼이 쓴 『100년 후』(김영사, 2010)에 의하면, 우리나라의 독서 인구는 너무 적다. 그나마 쉽고 재미있는 책에만 몰린다. 그

러한 이유로 OECD 국가 중 우리나라 국민들의 고급 문서 해독능력
은 꼴찌(한국 2.4%, OECD 평균 22%)라고 한다. 설상가상으로 한자를
배우지 않아 한국어의 행간을 읽을 줄 몰라서 사실상 문맹자가 매우
많다는 지적이다. 한국 교육에 대한 오바마 미국 대통령의 달콤한
칭송만 들을 것이 아니라 프리드먼의 쓴 소리도 귀담아 들어야 하
겠다.

필자는 어릴 때 만화를 무척 좋아했다. 부전자전인지 나의 30대
아들은 고우영의 만화 삼국지를 요새도 즐겨 읽는다. 그저 재미있단
다. 하긴 만화책도 책이다. 만화로 엮은 밀림의 왕자나 공상과학 소
설, 그리고 만화 삼국지 같은 건실한 만화를 비롯하여 동서고금의
문학서나 전문서적에 이르기까지 독서 삼매경에 빠지는 일은 아무
리 디지털이 지배하는 세상이라 하더라도 여전히 유용하지 않을까?

책은 생각의 토양을 쌓는 데 안성맞춤이다. 인류의 성현과 선배들
이 쌓은 지식을 생각하면서 오늘에 접목해보고 내일로 연결하는 아
이디어의 보고가 바로 책이기 때문이다. 성경, 불경, 유교경전은 인
류문화의 결정판이기도 하다. 이렇게 의미 있는 책을 뒤져보며 음미
하는 일은 마치 금맥을 캐고 광석을 다듬는 일처럼 어렵지만 그만큼
가치 있다.

행복은 우뇌가 지배적일 때 찾아온다

생각하는 좌뇌가 쉬고 감성의 온기가 감도는 우뇌가 작동할 때 마

음이 편해진다. 좌뇌는 눈앞의 문제를 풀기 위해 긴장하지만, 우뇌는 부교감신경으로 하여금 마음의 평화를 위해 긴장을 풀어준다. 이때 스트레스, 불안, 분노 따위의 나쁜 감정을 다스리는 세로토닌(serotonin, 5-HT)이라는 호르몬이 분비된다.

하버드대 뇌 연구소의 뇌 과학자인 질 테일러 박사는 스스로의 경험을 통해 사람은 좌뇌에서 해방될 때 '열반(涅槃)' 의 상태에 이를 수 있다고 증언한다. 1996년 12월, 질 테일러는 갑자기 뇌졸중으로 쓰러졌다. 좌뇌의 혈관이 터지면서 골프공만 한 핏덩어리가 생겨 말을 할 수 없게 되었을 뿐만 아니라 어머니조차 알아보지 못했다. 하지만 이 사건 이후 그녀의 인생은 완전히 바뀌었다.

"머릿속에서 저를 괴롭히던 일상의 걱정거리들이 모두 사라지고, 지각능력이 신체의 물리적 한계를 넘어서 작동하기 시작했어요. 마치 유리병에서 풀려난 마법사 같았죠."

8년여의 회복기를 거쳐 거의 완치된 지금, 테일러는 당시의 경험을 '열반' 이라고 부른다. 열반은 일체의 속박에서 해탈한 최고의 경지를 일컫는 불교 용어다.

테일러 박사가 우뇌 사용 훈련에 도움이 되는 것으로 추천한 활동은 수상스키와 기타 연주, 스테인드글라스 만들기 등이다.[19] 이 밖에 노래와 춤추기, 영가(찬송가 등) 부르기, 명곡이나 명화 감상, 자연 관찰과 체험 등은 마음의 안식과 평안의 촉매제가 될 수 있을 것이다.

KBS 1TV의 '생로병사의 비밀' 등에서 소개된 바와 같이 특히 삼

림욕을 하면 질병치료뿐만 아니라 정서의 안정에도 도움이 된다고
한다. 식물들은 자기 몸을 방어하기 위해 피톤치드라는 살균 물질을
내뿜는다. 이 물질은 사람의 몸에 해로운 세균과 곰팡이까지도 죽이
기 때문에 숲이 우거진 곳에는 병원균이 살 수 없다는 것이다. 그리
고 숲의 흙 속 미생물은 행복 호르몬인 세로토닌을 더 많이 만들기
때문에 숲 속의 흙을 밟고 만지는 것만으로도 세로토닌이 분비돼 기
분이 좋아질 수 있다고 한다.

　세로토닌은 포도당, 햇빛, 그리고 적절한 운동이 어우러질 때 가장
잘 생성된다고 이시형 박사는 설명한다. 또한 세로토닌이 잘 나와야
수면 호르몬인 멜라토닌도 잘 나와서 하루의 신진대사가 잘 돌아가
게 된다고 한다.

긴장의 끈을
조절하라

과업의 성공을 위해서는 경쟁자보다 유리한 위치를 차지하고 경쟁우위의 조건들을 계속해서 갖춰나가야 한다. 자만에 빠져 현실에 안주하면 머지 않아 경쟁에서 밀려나고 말 것이다. 경쟁은 언제나 사람을 긴장시킨다. 그런데 너무 긴장하면 오히려 능률이 떨어지므로 적절한 긴장관리가 필요하다.

햇볕을 향한 식물들의 치열한 경쟁

숲 속에서 푸나무들은 하늘로 제 얼굴을 내밀기 위해 안간힘을 쓴다. 땅에 뿌리를 가진 것은 어느 종류를 막론하고, 곁에서 함께 자라는 식물보다 더 크고 잘 자라려고 애쓴다. 해가 비치는 열린 공간에 있는 잎들은 가능한 한 경쟁자의 앞을 밀치고 들어간다. 심지어는 언제나 태양을 향하여 옆 식물을 타고 기어올라가는 것도 있다. 담쟁이가 그렇다. 담쟁이의 넝쿨손 끝에는 작은 접착부위가 있어서 돌이나 나무껍질에 단단히 붙을 수 있다. 한 여름 숲 속에서 칡넝쿨의 맨 위쪽 더듬이는 하늘을 나는 먹이를 덮치려는 뱀의 혀처럼 허공을 향해 넘실거린다.

이렇듯 땅속에 뿌리를 내린 식물들은 그늘을 회피(shade avoidance syndrome)하고 생존을 위해 햇볕 쟁탈전을 펼친다. 요컨대 햇볕을 차지하려는 식물들의 경쟁력의 핵심은 자신의 '빠른 줄기 신장과 태양을 향한 잎의 뻗침'이라는 적응력에 달렸다.

도도새와 알바트로스가 주는 교훈

세계 어린이들이 즐겨 읽는 동화인 루이스 캐럴의 『이상한 나라의 앨리스』에는 도도(dodo)라는 새가 나온다. 칠면조같이 생긴 이 새는 주인공 앨리스에게 동그라미를 그리며 달리는 이른바 코커스 경기를 가르쳐준다. 이 도도새는 전설 속의 새가 아니라 한때 지구상에 생존했던 새이다.

포르투갈인들이 16세기 초 인도양의 작은 섬, 모리셔스에서 날지 못하는 새를 발견하고 포르투갈어로 바보를 뜻하는 '도도' 라는 이름을 붙여주었다. 그러나 지금은 더 이상 존재하지 않는다. 사람들이 잡기 쉽고 맛있는 도도새를 무자비하게 잡아먹자 17세기 후반, 지구 상에서 사라졌다. 제법 큰 덩치의 도도새가 바보가 된 것은 모리셔 스 섬이라는 지형적 특성 때문인 것으로 추정된다. 외딴 섬에 먹을 것이 풍부한데다 육식 동물이 없어 잡아먹힐 염려가 없자 날개가 장 식용 정도로 퇴화해 버린 것이다.[20]

도도새가 현실에 안주하다 본래 날개의 용도를 잃어버림으로써 자 기의 본질을 상실한 이 현상은, 눈앞의 편안함과 무사안일을 생각하 는 사람에게 경종의 메시지를 들려준다.

알바트로스(albatross)라는 새는 어떨까? 활짝 편 양 날개의 길이가 무려 3.5m나 되며 주로 바다에서 오징어와 새우 등 물고기를 잡아 먹고 산다.

알바트로스는 쉬지 않고 한 번에 3,200km를 날 수 있는데, 그 비 법은 비행전략이 다른 새와 전혀 다른 데 있다. 높은 곳에서 날갯짓 을 하지 않고 하강하면서 날다가, 강한 바람이 불면 바람 부는 쪽으 로 향한 뒤에 날개를 다시 높은 각으로 세운다. 이른바 상승기류를 타는 '역동적 활상(dynamic soaring)' 이라고 부르는 테크닉으로 순식 간에 하늘 높이 솟아오른다. 물론 이 과정에서 날갯짓은 거의 하지 않으며, 뒤로 돌아선 다음에도 여전히 하지 않은 상태에서 가고자 하는 방향으로 천천히 내려오면서 비행을 계속한다. 인간의 점보 제 트기는 바로 알바트로스의 과학적 지혜를 본떠 만든 것이 아닌가 싶다. 골프에서 알바트로스(더블이글)는 가장 크고 멀리 나는 새인 알바트로스의 도움을 받아 기준타수보다 3타를 줄인 셈이라 하여 붙여진 이름이라고 한다.[21]

알바트로스 새끼의 첫 비행은 대개 벼랑 같이 높은 곳에 있는 둥지에서 떨어지듯 바다로 내려앉는 것이다. 스스로 물고기 사냥에 나선 새끼 알바트로스는 잘 날지 못해 매년 10% 정도가 천적인 범상어에게 잡아먹힌다.

그러나 90%의 알바트로스는 잡아먹히지 않기 위하여 안간힘을 다해 첫 상승비행에 성공한다. 살기 위해 비상하려고 노력하였기에 바다 위 하늘을 날게 된 것이다. 천적의 도움이라는 '역설적 자연선택'이 생존에 도움이 된 장면이기도 하다.

이러한 알바트로스에게도 약점이 있다. 지상에서는 동작이 느리고 바람이 없으면 날지 못하며, 사람을 겁내지 않기 때문에 쉽게 잡힌다. 알바트로스는 몸에 좋은 깃털이 빽빽하게 나 있어 깃털을 구하려는 사람들이 마구 잡아들여 멸종 위기에 있다.[22]

이대로 가다간 도도새처럼 멸종되는 것은 아닐까 걱정된다. 알바트로스 자신도 너무 자만심에 빠지지 말고 깃털을 노리는 인간을 경계하는 데 긴장을 늦추지 말아야 한다.

토인비는 그의 『역사의 연구』에서 한 민족과 문명의 흥망성쇠는 '도전과 응전' 이라는 키워드로 설명할 수 있다고 보았다. 도전을 받지 않은 태평성세에는 오히려 문명이 퇴보하였고 이민족의 도전을

58

받아 이를 감당하지 못한 때는 멸망하였다. 하지만 그 도전에 적절히 대응하여 물리치면 오히려 민족과 문명이 융성하는 계기가 되었다는 것이다.

이때 '창조적 소수자(creative minority)'의 역할이 매우 중요하다고 그는 지적하였다. 바다로 나간 장보고, 임진왜란 때 왜군을 물리치고 나라를 살리는 데 크게 이바지한 충신 류성룡과 왜구를 물리친 충무공 이순신, 과학기술의 선구자 장영실 등이 그 보기이다. 이러한 맥락에서 '생태계 조직론'에서는 "리더는 조직에 감당할 만한 경쟁과 긴장 분위기를 조성하는 것이 필요하다"고 본다.

적당한 수준의 경쟁은 당사자들에게 적절한 긴장을 유발하기도 한다. 이는 어부들의 고기보관법에서도 적합한 예를 찾아볼 수 있다. 어부들은 바다에서 잡은 고기를 살아 있는 상태로 먼 항구까지 가져갈 때 긴장 방법을 쓰곤 한다. 고기통에 천적인 상어 새끼 등을 함께 넣어두면 고기들은 잡아먹히지 않으려고 경계심과 긴장감을 늦추지 않는다. 결국 그 적당한 긴장감으로 생명을 오래 유지하게 되는 셈이다. 그러나 고기들만 넣어둘 때는 항구에 도착하기 전에 대다수는 죽고 만다. 이는 긴장감이 없어서이다.

동물과 사람에게 있어서 '적절한 자극(스트레스)'은 오히려 활동성을 높여 수명연장에도 도움이 된다는 보고가 있다. 그렇지만 '적절한 긴장 수준'을 넘어 너무 강박감을 준다면 반발과 거부감을 일으켜 오히려 역효과가 나타나기 쉽다.

지금까지 잘 나가는 조직이나 개인이라 하더라도, 세상의 변화를 읽고 끊임없이 준비하며 대응하지 못하면 도도새처럼 멸종될지도 모른다. 오대양을 누비는 알바트로스조차 멸종 위기를 맞는다는 것은 각계 리더에게 어떠한 경종과 격려의 메시지를 동시에 보내는 것이 아닐까. 결전의 순간이나 위기의 신호가 올 때, 지도자는 조직원에게 마땅히 결전의지나 위기의식을 불어넣어야 한다. 이것은 반드시 필요하고 건강한 긴장이 된다. 건강한 긴장은 개인의 분발(각성)과 조직의 결속을 다지며, 혁신을 부추긴다.

지난 2008년 베이징 올림픽의 양궁 여자부 결승에선 홈 관중의 좋지 않은 매너와 바람의 영향, 그리고 경쟁상대의 만만치 않은 실력을 의식하여 우리 선수들이 긴장하지 않을 수 없었다. 선수들은 스스로 자신의 교감신경과 부교감신경을 절묘하게 조정하며 한 발 한 발 시위를 당기고 있었다. 코치는 옆에서 선수의 지나친 긴장을 진정시키려고 애쓰는 모습이 역력했다. "괜찮아, 좋아!" 하면서 말이다.

이처럼 지도자는 상황에 따라 적절하게 긴장을 관리해야 한다. '긴장·이완의 절묘한 타이밍과 수위조절'이 조직관리뿐만 아니라 자기관리의 포인트이다.

핵심역량을
키워라

치열한 경쟁사회에서 살아남으려면 다른 사람으로 대체될 수 없는 나만의 주특기, 즉 핵심역량을 갖춰야 한다. 어떤 일을 남보다 더 잘하면 좋지만, 내가 할 수 있는 일 가운데서 가장 잘할 수 있는 일을 찾아내어 그것에 온 힘을 기울이는 것이 효과적이다.

동물의 핵심역량

벼룩은 발달한 근육과 찰고무 같은 고탄력 단백질 덕분에 제 몸길이의 100배가량(몸길이 2~4mm, 도약 높이 30cm)을 뛴다. 무릎이 아닌 발가락으로 점프한다. 발가락 뛰기가 그렇게 높이 뛰는 비결이다. 이는 제 키의 두 배 높이만큼도 뛰지 못하는 사람에 비하면 놀라운 점프력이다.

몸길이 7~15cm로 지구상에서 가장 작은 벌새는 꿀을 빨아먹기 위해서 정지비행을 하는데, 사실은 정지하면서 가만히 있는 게 아니라 1초에 70회 정도 날갯짓을 한다. 게다가 꿀을 빨아 먹다가도 천적을 만나면 방향전환과 후진비행도 할 줄 안다. 후진비행은 모든 날 수 있는 것 가운데서 벌새만이 할 수 있다. 또한 둥지를 단단하게 엮기 위해 거미줄을 접착제로 이용하는 지혜도 가졌다.

필자는 『동물에게서 배우는 경영과 마케팅』이라는 책에서 까마귀와 해삼을 비롯하여 비버와 늑대, 그리고 거미, 매미, 문어, 뱀, 곰과 사자 등에 관하여 그 행태와 경영 시사점을 연계하면서 논의한 바 있다. 이번에는 솔개와 아시아흑곰의 사냥술과 부레가 없는 상어 이야기에 관해서 간단하게 살펴보기로 한다.

솔개와 아시아흑곰의 사냥술

솔개는 산불이 난 현장을 발견하면 불길이 남은 나뭇조각을 집어들어 마른 풀 위에 떨어뜨린다. 그런 후 풀밭에서 불길이 솟으면 필사적으로 도망치는 주머니쥐나 도마뱀을 잽싸게 잡아챈다. 그 수법이 '호모 파베르(도구의 인간)' 못지않다. 목숨을 건 동물들의 생존전략이 이렇게 치밀할 수 있었나 새삼 놀라게 된다.

히말라야의 아시아흑곰은 인도 엘크사슴을 사냥할 때 중후한 곰의 이미지와는 어울리지 않는 전략을 쓴다. 눈이 많은 지역에서 검은색의 털은 산 아래에 있는 사슴에게도 쉽게 노출되기 때문에 몸을 동그랗게 말아 눈밭을 굴러 내려간다. 눈이 달라붙어 점점 커지는 눈공으로 변신해 사슴 떼의 한가운데로 들어가서는 갑자기 튀어나와 작은 눈사태를 미처 피하지 못한 사슴을 덮친다. 몸을 동그랗게 말아 언덕을 내려오는 기술은 도마뱀과 나비 유충에서도 관찰되지만, 먹잇감을 덮치는 기술로 활용하는 것은 아시아흑곰뿐이다.[23] 마치 트로이 목마(Trojan Horse)를 연상케 한다. 목적을 위해 적진 깊숙하게 몸을 숨기고 들어가는 아시아흑곰의 꾀와 용기는 사람들로 하여금 감탄사가 저절로 나오게 한다.

정주영 회장이 가출하여 인천 부둣가에서 일할 때, 밤마다 빈대에 물렸다고 한다. 빈대의 공격을 피하려고 물통 속에 침상을 올려놓고 잤더니 며칠 동안은 편히 지낼 수 있었다. 그런데 사흘 뒤에 다시 물길래 일어나 살펴보니 빈대들이 벽을 타고 기어 올라가 침상 바로 위의 천장에서 정 회장의 몸을 향해 낙하하더라는 것이다. 한갓 미물도 저렇게 목표를 향한 집념이 대단하다는 걸 본 후 "나도 할 수 있다"는 결심을 단단히 하게 됐다는 일화(『시련은 있어도 실패는 없다』에서)가 생각난다.

부레가 없어 힘든 상어

원추형 몸에 칼 모양의 꼬리지느러미, 이빨 모양의 거친 비늘로 덮인 피부와 함께 사나운 성질로 우리를 공포에 떨게 하는 상어에게도 남모르는 아픔이 있었으니, 다른 어류에는 있는 부레가 없다는 것이다. 부레는 공기를 채워 떠오르고 가라앉는 걸 조정하는 것으로 어류에 있어서는 아주 중요하다. 이러한 부레가 상어에게는 없으니 상어는 어떻게 물에 뜰까? 상어는 부레 대신 지방질의 아주 큰 간을 갖고 있다. 지방은 물보다 가볍기 때문에 이 지방질의 간이 상어가 물에 뜨는 것을 돕는다. 게다가 뼈가 물렁물렁해서 가볍다. 그렇지만 계속 헤엄을 쳐야 가라앉지 않으며, 아가미구멍으로 물을 받아들이고 내보내야 숨을 쉴 수 있다.[24] 바다에서 무적의 사냥꾼인 상어도 '아킬레스건(Achiles' heel)'이 있는 셈이다. 모든 동식물은 핵심역량이 있는가 하면 반대로 치명적인 약점도 가지고 있게 마련이다.

모든 생명체는 죽을 수밖에 없는 시한부 존재이다. 그중에서 가장 영특하다는 인간이 달을 정복하고 화성에 탐사선을 보냈다지만 광대무변한 우주에 다다르기엔 아직은 너무나 거리가 멀다. 또한 한 개인이 아무리 경쟁우위의 일을 하며 뽐낸다고 하더라도 모든 부문에서 다 잘할 수는 없다. 그래서 핵심역량이 소중한 것이다.

핵심역량을 평생토록 갖춰야 하는 까닭

한 사람이 지니고 있는 핵심역량(core competency)이란 그 사람의 인격(성격 포함)에서의 장점과 능력에서의 주특기를 통틀어 말한다.

얼핏 보면 능력의 주특기가 곧 핵심역량으로 보일 수 있는데, 크게 보면 인격에서의 장점이 그 사람의 핵심역량에서 더욱 큰 비중을 차지할 수 있을 것이다. 인격의 도야가 평생토록 필요하다는 사실은 앞에서 이미 살펴봤으므로 여기서는 어떤 일을 잘할 수 있는 주특기에 초점을 둔 핵심역량에 관한 이야기를 나눠보려 한다.

'공급이 수요를 창출한다' 는 세이(J. B. Say)의 법칙이 그대로 통하던 때가 있었다. 그러나 이제는 어느 분야를 가리지 않고 공급이 넘쳐나는 잉여시대이다. 이러한 잉여사회(surplus society)에서 살아남는 법은 유사함에서 벗어나는 것이다. 다시 말해 상품이든 사람이든 차별화되어 다른 것(사람)과 대체할 수 없는 존재가 되어야 하며, 그러기 위해서는 끊임없는 노력과 자기계발로 경쟁력을 갖춰야 한다.

'대체할 수 없는 사람' 이란 '그의 일을 아웃소싱(외주)할 수 없는 사람' 이라는 뜻이다.[25] 이제는 과거의 신분·학력·영광을 가지고 살아갈 수 있는 시대가 아니다. 당신은 현재의 위치에서 자신을 '대체할 수 없는 사람' 으로 만들어 놓았는가? 아니면 그렇게 만들려고 지금 온 힘을 기울이고 있는가?

신분계층이 평평한 세상에서는 자신이 가진 지식과 경험을 계속 향상해가는 것이 생존의 필수조건이다. 이는 끝없는 평생학습이 필요한 또 하나의 이유이다.

핵심역량의 기본 틀

자신이 선택한 길에 있어서 한 가지 일에만 전념하는 게 필요한 때가 있었다. 그러나 차츰 사람들의 수명이 길어지고 직업의 변화가 많은 세상에서 한평생 일하며 살려면, 자신의 핵심역량을 갖되 두 가지 이상의 일을 할 줄 아는 하이브리드형 인재가 되어야만 먹고 살 수 있을지 모른다. 그래서 요즈음 기업에선 '스페셜리스트(전문가)'보다 '제너럴 스페셜리스트(general specialist)'를 선호하는 경향이 늘고 있다. 해당 분야에 대한 전문지식과 다른 분야를 종합하고 이해할 수 있는 능력을 함께 갖춘 'T자형' 인재인 제너럴 스페셜리스트는 전문화와 다변화로 대표되는 21세기 하이브리드형 인재로 주목받고 있다.

21세기에는 창의성이 국가나 기업 경쟁력을 좌우할 것으로 예상되며, 창의성을 발휘하기에는 한 분야에 정통한 전문가보다는 다양한 경험과 이해력을 갖춘 사람들이 유리하다. 그런 맥락에서 음악이나 미술 등 예술에 조예가 깊은 법학도나 경영학도 같이 이종 학문에도 식견이 있는 인재에 대한 필요성이 높아지고 있다.[26]

하이브리드형 인재가 가장 기본적이고 비중을 두며 갖춰야 할 것은 영어를 비롯한 외국어의 구사능력이다. 재능이 많고 글로벌 빌리지를 하나로 소통할 수 있는 인재가 지금 뜨고 있으며, 앞으로 더 뜰 것으로 전망된다.

잡코리아에서 2009년 1월 직장인 2,042명을 대상으로 "직장인이 불경기(구조조정 상황) 때 가장 아쉬운 것은 무엇인가?"를 조사하였다. 그 결과 27.2%가 '능통한 영어와 외국어 실력', 25.1%가 '전문 기술 및 자격증', 15.3%는 '좋은 학력과 학벌' 그리고 11.9%가 '재테크' 라고 응답하였다.

구조조정 시즌이 올 때마다 영어를 못하는 사람이 퇴직 1순위가 되고 있으며 앞으로 더욱 그럴 추세다. 조기영어 학습 세대가 직업 전선에 나오기 시작하기 때문이다. 그래서 기존의 직장인들은 절박한 심정으로 요즘 영어회화 학원의 새벽반·점심반을 찾는다. IT 기술은 기본이고 영어를 중심으로 한 외국어 구사능력이 거의 모든 사업 분야에서 경쟁력을 좌우하는 잣대가 되고 있다. 그러므로 많은 젊은이가 특히 실용 영어회화 능력을 키우는 데 심혈을 기울이지 않을 수 없다.

하지만 다음과 같은 취업 전문가들의 말에도 유의할 만하다. 기업은 어학이나 학점보다 오히려 자신만의 장점을 알리는 능동적인 구직자를 원한다는 것이다. 즉 기업 공채에서 우선, 서류 전형에 통과

하려면 '자기소개서'를 잘 써야 한다. 틀에 박힌 응답지 형태보다는 자신만의 강력한 스토리를 바탕으로 자신의 장점과 강점을 피력할 줄 알아야 한다고 그들은 강조한다. 그러면 이러한 지식과 재능을 배우고 익히기 위해서 우리가 먼저 해야 할 일은 무엇일까? 그것은 바로 핵심역량의 강화를 위한 끊임없는 노력이다.

핵심역량의 강화 방법

핵심역량을 갖추고 키워나가기 위해 가장 필요한 것은 어떤 일을 할 수 있는 힘의 원천을 끊임없이 배우고 익히는 일이다. 다시 말해 꾸준한 학습과 연습을 통해서 실력을 기르는 것이다. 위에서 사회적 추세를 본 바와 같이 이제 핵심역량은 한 가지만으로는 부족하고 두 가지 이상이 요구되는 터라 평생토록 복수의 핵심역량을 갖추어야 할 필요가 있다.

핵심역량은 타고난 특성이 아니라 태어난 후 살아가는 데 필요한 자신의 능력을 배우고 익히면서 갖추게 된다. 예를 들어 태어날 때부터 음악의 재질이 있다 하더라도 이것은 성악이나 기악의 대가로 성장하는 데 유리한 씨앗이 될 뿐 이 방면으로 계속 정진하지 않으면 크게 성공할 수 없다. 그래서 핵심역량을 키우기 위한 학습에 관해 좀 더 자세히 이야기해 보려고 한다.

자기창조 능력을 키워라

인기 연예인 강호동의 성공 비결은 어디에 있을까? 삼성전자와 현대중공업은 어떻게 성공하는 기업을 만들었을까? 여기에는 공통점이 하나 있다. 그것은 바로 '자기창조' 능력이다. 그렇다면 자기창조란 무엇일까? 바로 극적인 자기변화를 통해 스스로 새로운 자신을 창조해내는 것을 말한다.

천하장사 강호동은 1993년 자신의 인생 항로를 개그맨으로 바꿨다. 그리고 놀라운 자기창조 능력으로 스타 연예인이 됐다. 한 예로, 어린이부터 어르신까지 출연해 감탄과 함께 요절 복통하게 하는 '스타킹'을 비롯하여 젊은 연예인들과 함께 현장을 답사하는 '1박 2일', 그리고 '무릎팍 도사' 등의 프로그램에서 출연한 사람들과 호흡을 맞추며 웃음을 자아낸다.

반말, 비속어, 은어가 오가기 쉬운 이른바 '리얼 버라이어티 쇼'에서 MC로서 품격을 잃지 않으며 웃음을 창출한다는 것은 여간 어려운 일이 아닐 텐데 말이다. 억센 경상도 억양에다가 거구의 체격이 비호감으로 작용할 수도 있는데 특유의 애교와 익살, 그리고 시청자를 사로잡는 진솔한 화법과 창의적인 언행 등으로 강호동은 시청자를 매료했다. 그 결과 2008~2009년 KBS와 2009~2010년 SBS 방송 연예대상에서 대상의 영예를 안게 되었다.

기업에서도 마찬가지다. 생존영역 변화 또는 과거 행동패턴 변화를 통해 자기를 창조해냈다. 삼성전자는 TV나 냉장고 같은 완제품의 조립 비중을 줄이는 대신 부품생산의 비중을 늘려 제품 영역에 변화를 줬다. 그리고 최근에는 애플에 대응하여 스마트폰과 스마트가전제품들을 속속 출시하였다.

현재 세계 조선시장을 선도하고 있는 현대중공업의 탄생과 혁신의 역사는 발상의 전환에서 나온다. 이는 정주영 전 현대그룹 회장의 '해봤어?' 정신이 만든 것이다.

"거북선이오! 우리는 영국보다 300년 앞선 1500년대에 이미 철갑선을 만들었소."

이 말은 정 회장이 1971년 9월, 현대조선소의 설립 자금을 빌리기 위해 당시 통용되던 500원짜리 지폐를 내보이며, 영국 바클레이스 은행 관계자에게 자랑스럽게 한 말이다.[27] 결국 정 회장은 이 기발한 말 한마디로 그 돈을 빌리는 데 성공한 셈이다.

현시대를 사는 개인이나 기업은 끊임없이 변화에 적응해야 생존할 수 있다. 변화에 적응하려면 생존영역을 바꾸든지 기존 행동패턴을 바꿔야 한다. 기업이라면 기술혁신, 사업 매각과 인수, 새로운 경영 패턴을 구축해 성공적인 자기창조를 이뤄내야 한다.

그렇다면 자기창조는 어떻게 하는 것일까? 자연과 사회현상의 복잡성은 단순한 질서와 완전한 혼돈 사이에 있는 상태를 말한다. 인간의 뇌나 생태계 같은 자연현상과 주식시장이나 세계경제 같은 사회현상은 결코 완전히 고정된 침체 상태나 완전히 무질서한 혼돈 상태에 빠지지 않고 혼돈과 질서가 균형을 이루는 경계면에서 항상 새로운 질서를 형성하고 유지한다.

진화와 진보는 완벽한 질서도 무질서도 아닌, 이들이 팽팽하게 맞서는 지점에서 일어난다는 사실이 실험을 통해 확인됐다. 일리야 프리고진은 이 과정을 자기조직화(self-organization)라고 불렀다. 카우프만 등은 이론을 더욱 발전시켜 이 경계지대, 곧 '혼돈의 가장자리'에서 한층 고도의 질서를 만들어가는 과정을 시뮬레이션해 보임으로써 진화에 관하여 좀 더 설득력 있는 설명을 하였다. 또한 이를 통해 생명은 혼돈의 가장자리에서 자기조직화에 의해 창발하는 질서를 의존해 유지된다고 주장하였다.[28]

생명체와 같은 복잡적응계는 '혼돈의 가장자리'로 진화한다. 카우프만은 행위자(구성요소)가 완전히 고정되거나 완전히 무질서한 행동을 할 때에는 복잡적응계에서 생명이 솟아날 수 없다고 본다. 질서와 혼돈 사이에 완벽한 평형이 이루어지는 영역에서 생명의 복잡성이 비롯된다는 것이다. 이처럼 혼돈과 질서를 분리시키는 극도로 얇은 경계선을 '혼돈의 가장자리'라고 한다. 이 혼돈의 가장자리에서 생명이 출현하는 것이다.[29]

예컨대 2002 한·일 월드컵에서 붉은 악마 응원단을 비롯한 수백만의 길거리 응원단의 모습은 무질서(혼돈) 속의 새로운 질서의 창출로 기억될 만하다. 천하장사였던 강호동도 개그맨으로 탈바꿈하려고 한동안 고심하면서 심신이 혼란스러운 시기가 있었을 것이다. '혼란스러운 여러 대안 중에서 개그맨으로 가는 것이 내가 새롭게

개척해 나갈 길이다' 라는 생각이 퍼뜩 떠오른 그 순간 그 자리가 바로 '혼돈의 가장자리' 이다.

한 개인이 어느 목표를 성취하려고 안간힘을 쓰고 있는 순간, 아직 1%만 모자랄 뿐인 그 시간이 가장 답답하고 힘겹다고 느낄 것이다. 그 임계점이나 변곡점의 돌파는 인내력과 추진력이 동시에 요구된다. 다시 말해 '혼돈의 가장자리' 에 머무는 순간 당신이 잡은 키의 방향과 추진력은 당신을 성공으로 이끌 것인가, 혹은 실패로 빠뜨릴 것인가를 결정하는 순간인 것이다.

이때 "성공적인 자기 창조자가 되려면 끊임없이 '왜(Why)' 라는 질문을 던져서 해답을 찾아야 하며 자신의 삶의 지배자를 '고객' 으로 바꿔야 한다"고 이홍 교수(광운대)는 자신의 저서 『자기창조조직』에서 강조한다.[30] "왜 나는 그걸 해야 하는가? 왜 나는 그 방법을 선택해야 하는가?" 같은 질문과 해답이 되풀이돼야 한다.

때때로 자기를 혁신하고 끊임없이 진화(개선)하라

영장류 이상의 동물에서는 이전의 어떤 경험이 없이도 새로운 상황에 부딪혔을 때 적절히 반응할 수 있는 능력이 있다. 이것을 혁신이라고 한다. 침팬지가 발판을 사용하여 높은 곳에 있는 바나나를 꺼내 먹을 수 있는 것은 혁신의 좋은 예이다. 실험에 참여한 침팬지가 바나나를 따먹으려고 몇 번씩이나 껑충껑충 뛰어보지만, 닿을락 말락 앞발이 닿지 않는다. 그러다가 마침내 저 구석에 놓인 발판을 발견했을 때 침팬지는 회심의 미소를 지으며 "아하!"라고 외친다. 그 순간, 그 침팬지는 이미 문제의 해법을 찾은 것이다. 이것이 바로 인지주의 심리학(cognitive psychology)에서 키워드로 삼는 '통찰력'이다.

동물의 환경변화에 따른 점진적 진화와 의도적 혁신은 기업 경영자나 인생 설계자에게 주요한 벤치마킹 자료로 삼을 만하다. 그래서 이 책에서도 '자기혁신'은 우리 모두가 큰 관심을 두는 핵심 주제 중의 하나다.

보브 좀머의 『사이코 사이버네틱스』에서는 코끼리의 족쇄 이야기가 나온다. 어린 코끼리의 뒷다리에 2m 길이의 족쇄를 채우고 계속 자라게 하면, 코끼리는 성장한 다음에 조련사가 족쇄를 풀어줘도 자신의 발목에 그 사슬이 채워진 것으로 착각하여 결코 2m의 반경을 벗어나지 못한다. '코끼리의 족쇄 현상'은 오늘날 우리(개인이든 조직이든)에게 자신의 고정관념, 타성, 선입견 등에서 벗어나라는 교훈을 주고 있다.[31]

"이건 내 팔자야, 나의 한계라고!"라며 스스로 자신의 행동반경을 제한해 버리고 마는 사람은 현실에 안주하여 미래에 대한 도전정신마저 상실해버린다. 아날로그 환경 속에서 잘 지내던 사람이 디지털 환경에 신속히 적응하지 못하여 아직도 사업이나 개인적인 즐거움과 생활상의 의미 있는 정보를 포기하고 사는 사람이 더러 있어 안타깝다.

인생은 여러 가지 면에서 성공과 실패의 파노라마이므로 실패가 두려워 목표를 향한 도전을 포기해서는 안 된다. 위험을 회피하지 말고 정면 돌파하는 용기가 필요하다. 당신이 기업(enterprise)을 일으키고자 한다면 그 말의 어원이 모험이란 뜻임을 상기해야 한다. '투자'는 아무리 규모가 작더라도 미래라는 불확실성에 도전한 대가로서 이윤을 얻고자 하는 것이기 때문이다.

많은 선택안 중에서 투자의사를 결정할 때는 적어도 기회비용을 커버하고 남는 기대이익을 목표로 삼을 것이다. 이때 효율성과 효과성의 원칙에 따라 일을 수행하는 게 바람직하다. 그러니까 사업이든 학업이든 어떤 일에서의 성공이란 기회가 왔을 때 두려워하지 않고 위험한 장애물을 용감하게 뛰어넘은 사람과 상황의 변화가 왔을 때 재빠르고 유연한 대응을 하는 사람에게 주어지는 보상이라고 하겠다.

하지만 여기서 유의할 점이 있다. 준비 없이 시작하면 개인이든 기업이든 움츠러들거나 큰 실패를 맛볼 수 있다. 롯데쇼핑 이철우 사장은 "돈, 생각, 사람, 전략, 지식 등 갖춰놓을 것은 부지런히 갖춰서 때를 기다리는 것이 기회를 잡는 비결이다"라고 그의 저서 『열린 가슴으로 소통하라』에서 강조한다.

아직도 당신의 머릿속에 혹시 '코끼리의 족쇄'가 남아 있다면 과감하게 그 족쇄를 스스로 잘라버려야 한다. 그리고 미국의 교육학자 존 듀이가 말한 대로 "인간은 무한한 가소성(可塑性, 갈고 닦을 수 있는 성질)의 존재다"라는 사실을 상기하면서 꾸준히 잠재력을 키워나가야 할 것이다.

당신은 지금 빙산과 같은 잠재력을 꾸준히 키우고 있는가. 바닷물의 소금끼의 양(보통 3%가량임)에 따라 다르지만 대체로 빙산은 전체 부피의 8% 정도가 물 위에 뜨며, 92%가량이 물에 잠겨 보이지 않는다. 그래서 태풍과 해일이 덮쳐도 끄떡없이 버틸 수 있는 것이다. 우리도 태풍처럼 거센 구조조정의 바람에도 살아남고 세계를 휩쓰는 불경기의 해일에도 휩쓸려나가지 않으려면 잠재력을 키워야 한다.

한 마리의 나비는 우화(羽化)해야만 비로소 꽃을 찾아서 날아다닐 수 있다. 외골격인 허물을 벗어버리지 않으면 나비는 날지도 못하고 죽게 되며 뱀도 주기적으로 허물을 벗어야 산다. 우리 인간의 피부도 약 20~50일마다 새로운 세포로 완전히 바뀐다고 하니 사람도 한 달 안팎의 기간을 주기로 계속해서 허물을 벗는 셈이다. 마찬가지로 인간의 뼈의 조직은 세포가 죽고 새로 생겨나면서 7년마다 완전히 새 뼈로 거듭난다고 한다. 하지만 마음의 허물을 벗으면서 때로는 거듭나야 하지 않을까. 몸과 마음의 구조조정 및 자기혁신이 나비의 우화와 뭐가 다를까.

꾸준한 학습과 연습이 핵심역량을 키운다

송골매는 우리나라를 대표하는 야생 조류다. 용맹한 데다 한번 목표로 삼은 대상을 놓치는 법이 없다. 그래서 예부터 사람들이 사냥용으로 많이 길렀다. 한번 길들이면 주인에 대한 충성심이 강하기 때문이다.

그렇게 강골의 송골매지만 머리를 갸우뚱하게 하는 행동을 하기도 한다. 틈만 나면 날개를 접고 단단한 바위 위에 앉아 부리로 바위를 쪼는 것이다. 먹을거리도 아닌데 하필이면 왜 단단한 바위를 부리로 쪼는 것일까. 딱따구리는 원래 나무를 쪼는 것을 업으로 삼는 새지만 사냥을 하는 송골매가 부리로 바위를 쪼는 것은 이해하기 어려운 일이다. 그 뜻을 알면 "아하" 하는 감탄사와 함께 송골매의 행동을 이해하게 될 것이다. 송골매는 사냥에 나섰을 때 실패하지 않기 위해 평소 바위에 부리를 쪼면서 날카롭게 다듬는 것이다.[32] 추사 김정희는 5,000권 이상의 책을 읽고, 벼루 10개를 구멍 내고, 붓 1,000자루를 몽당붓으로 만들고서야 마침내 '추사체'를 완성했다.[33]

북극제비갈매기는 아주 작은 새지만 북극에서 남극까지 왕복 비행을 한다. 이동거리는 무려 연간 2만 마일에 이르며 철새 중 가장 먼 거리를 옮겨 다닌다. 새들은 기본적인 두 가지 이유 때문에 이동을 하는데 하나는 기온, 다른 하나는 먹이 때문이다. 그런데 북극제비갈매기가 왜 남극과 북극 사이를 이동하는지는 아직 밝혀지지 않았다. 북극제비갈매기는 4월에서 8월 북극의 여름철에 번식하여 10월이면 어느 정도 성장한 새끼와 함께 여름이 시작되는 남극으로 향한다. 그리고 다시 4월 번식을 위해 북극을 찾는데 북극과 남극의 같은 지점을 오고간다고 한다.

취재진이 북극제비갈매기를 자극하지 않을 정도의 거리를 두고 어미 새와 새끼 새를 북극권에서 관찰했는데, 어미 새가 바다에서 잡아 온 물고기를 새끼에게 전해주는 방식에서 흥미로운 사실이 발견됐다. 북극제비갈매기는 다른 새들처럼 어미가 새끼에게 먹이를 바로 주지 않았다. 이들은 먹이를 물고 와서는 새끼에게 한 번 보인 후 다시 날아올라 언덕 아래에 떨어뜨렸다. 날지 못하는 새끼는 먹이를 찾기 위해 뒤뚱거리며 언덕을 내려가야만 했다. 조금 지나자 이번엔 어미가 먹이를 언덕 위에 올려놓았다. 새끼는 힘겹게 내려온 언덕을 다시 열심히 올라갔다. 어미는 멀고 먼 여행을 떠나기에 앞서 새끼를 강하게 단련시키는 중이었다.[34]

하늘의 무법자인 독수리는 새끼가 스스로 날 때까지 끊임없이 반복 연습을 시킨다. 땅의 왕 사자 역시 강한 방식으로 새끼를 키운다. 어린 사자를 물고 언덕에서 굴러 떨어뜨린 후 혹독한 훈련 속에서 살아남는 새끼만 키우는 방식을 택하고 있는 것이다. 또한 사자 새끼들은 과격한 장난을 통해 미래의 사냥 기술을 익힌다. 다른 동물에 비해 독립생활이 긴 사자는 두 살이 되기 전까지는 엄마에게 의존하지만, 2~3년 뒤 수컷은 독립해야 한다.[35] 결국 강인한 새끼만이 살아남을 수 있다. 이점이 바로 땅과 하늘의 맹주로 각각 군림하고 있는 사자와 독수리가 핵심역량을 갖추는 훈련방식이다. 일류는 무엇이 달라도 다르다는 것을 동물의 세계에서조차도 느끼게 하는 대목이다.

맹수류가 자식을 맹훈련시키는 것은 "어미가 새끼를 위해 언제까지나 직접 먹이를 잡아주지는 못하므로 자식 스스로 잡는 방법을 배

우도록 가르쳐야 한다”는 탈무드(Talmud)의 교육신념과 일맥상통한
다. 어차피 대신 살아줄 수 없는 생명이라는 것을 비록 본능이라고
할지라도 영장동물은 잘 알고 있는 것이다.

자식에 대한 엄격한 교육과 훈련은 비단 맹수류뿐만이 아니다. 앞
에서 본 북극제비갈매기의 경우가 그렇다. 또 독도나 홍도에서 부화
하여 다 자란 괭이갈매기가 처음으로 날개를 펴고 날아서 둥지를 떠
날 무렵이면 새끼가 먹이를 달라고 어미의 부리를 쪼면서 보채도 어
미는 더는 먹이를 주지 않고 굶긴다. 첫 비행을 위해 몸을 가볍게 하
기 위해서이다. 그리고 마침내 첫 비행에는 어미가 옆에서 동반 비
행을 한다. 이것이 어미와의 처음이자 마지막 비행이다.[36]

귀한 자식일수록 엄하게 훈련하는 것이 필요하다. 언젠가 부모를
떠나 세상에 나갈 때 어려운 역경과 시련이 닥쳐오더라도 잘 되면
극복할 수 있도록 하기 위해서이다. 정주영 회장의 맏아들이 미국유
학에서 돌아왔을 때 첫 번째 보직은 펜대를 쥐는 것이 아니고 건설
현장에서 벽돌을 지고 나르는 잡부였다. 정 회장 자신의 젊은 날에
그런 일을 체험했던 것과 같이 강인한 정신을 키우려는 뜻에서였다.

기업에서도 마찬가지이다. 조직 내에서 우수한 핵심인재라고 평
가되는 인력일수록 강하고 엄하게 훈련해야 장차 그 조직의 리더로
손색없이 성장할 것이다. 자만하게 하거나 우물 안 개구리로 키우거
나 비위만 맞추는 것보다는 혹독한 훈련을 통해 미래 지도자로 키우
는 인재육성 방식이 더욱 요구된다. 현지 전문가를 양성하는 해외

현지적응 프로그램을 비롯하여 해병대식 지옥훈련 프로그램이나 보령 머드 축제의 극기체험 같은 이벤트에 참여하여 사서 고생을 해보게 한다. 불황도 장애도 이겨내자는 구호를 힘차게 외치면서 말이다.

🐦 경쟁력 높이기의 포인트

태양을 향해 넝쿨손을 뻗는 식물들의 정열과 토끼 한 마리를 잡는 데도 전력을 기울이는 사자의 투혼을 보라. 찬 얼음 구멍 위에서 사냥에 성공할 때까지 참고 기다리는 북극곰의 인내력, 늑대와 여우의 꾀, 게다가 돌고래의 협동심과 문제해결능력을 갖춘 사람이라면 행복하고도 성공적인 인생이 그를 기다리지 않겠는가.

모든 동·식물과 미생물은 적어도 한 가지 이상의 생존과 번식을 위한 도구나 비법을 가지고 살고 있다. 오늘날 사람들은 너무 똑똑하고 욕구가 크고 많은 데다가 경쟁이 치열해서 남다른 능력을 갖추지 않으면 살기가 어렵다.

그러므로 자신의 장점과 주특기를 갖추고 키우기 위해 끊임없이 노력하고 때로는 과감하게 자기혁신을 도모해야 한다. 이때 자신의 타고난 본성(nature : 기질, 체질, 성별 등)과 후천적으로 양육된 특성(nurture : 성격, 실력, 적성 등)들을 생각해야 한다.

인성(人性)의 발달에 영향을 주는 두 요인 중에서 nature보다 nurture의 비중이 40 대 60 정도로 더 높다는 것이 오늘날 심리학의 지배적인 학설이다.[37] 다만, 60% 가운데에는 에측하기 어려운 상황요인도 포함될 수 있다. 그러니까 비록 타고난 능력이 생각보다 모자르다 하더라도 자신의 노력으로 후천적인 특성은 상황에 적절히 대응하면서 자신의 노력에 의해 계발시킬 수 있다는 이야기다.

또한 자신의 단점을 고치는 쪽보다 심성의 장점과 능력의 강점을 더욱 키우고 잘 활용하는 쪽에 에너지를 집중하는 것이 낫다. 자기계발과 자기쇄신의 방법은 끊임없는 학습과 연습에 달렸다. 때로는 문제해결에 있어서 좀 더 나은 응용이 곧 계발이요, 혁신의 모습이라는 것을 명심하라. 학습과 연습, 그리고 일의 효율성은 무엇보다 몰입(flow, commitment)에 달렸다. 일(학습)에 몰입하는 동안 사람은 이미 행복을 느끼며, 성공은 한 걸음씩 다가오게 마련이다.

'신이 내린 목소리'로 불리는 소프라노 조수미 씨는 공연장에서 관객의 호흡마저 하나로 이끄는 마력을 가졌구나 하는 느낌이 든다. 그녀가 서 있는 공간에 모든 관객의 시선이 멈추고 시간마저 잠시 멈춰선 듯하다. 왜 그럴까. 우선 자신에게 몰입하는 조수미의 모습에 관객도 몰입하여 영혼이 교감하는 분위기로 빠지게 한다. 타고난 실력에 지금까지 끊임없이 세계 무대에서 수많은 공연을 해왔기 때문일 것이다.

그녀는 데뷔 초기에 아버지가 돌아가셨다는 소식을 듣고도 예정된

파리 공연을 마쳤다. 그날 앵콜 송까지 마친 다음에서야 비로소 "지금 한국에서는 나의 아버지 장례식이 진행되고 있다"며 눈물을 흘렸고, 장내의 모든 청중은 다 같이 울먹이면서 격려의 박수를 아끼지 않았다고 한다. 그녀의 프로정신이 당신의 가슴에도 찡하게 울리지 않는가.

성악가에게는 공연보다 더 확실한 연습은 없듯이 교육자에게는 '가르치는 것보다 더 확실한 학습법'이 없지 않을까. 또한 시대와 상황의 변화에 탄력성 있게 대응하려면 평생학습 자세로 꾸준히 자기 연마를 계속해나가야 한다. 사실 어떻게 학습의 효율성과 효과성을 높이는가의 과제보다 평생학습을 실현하는 노력이 더 중요한 과제가 아닐 수 없다.

필자는 세월이 흐름에 따라 상당히 늙었지만, 결코 낡았다고 생각하지는 않는다. 아직 여러 모로 매우 부족한 사람이지만 '지금도 자기보충에 힘쓰며 계속 진화 중'이라고 생각한다. 강의, 봉사, 놀이 등 오늘도 약간의 긴장 속에서 뇌세포를 굴리고 온몸을 움직이는 시간을 갖기 때문에 삶의 보람을 느끼며 건강하게 산다.

학습효과를
높이는 방법

뇌의 특성을 비롯하여 많은 성공사례, 그리고 필자의 오랜 학습 및 교육 경험에 비추어 볼 때 학습과 연습의 효율성 및 효과성[38]을 높이려면 앞으로 살펴볼 8가지의 지침을 참고하는 것이 도움이 되리라고 믿는다.

뇌의 건강과 뇌의 충전에 전력투구하라

고도의 정신 활동의 근원이 되는 인간의 뇌는 우주 연구에 비길 정도로 과학적 해명 작업이 어렵고 끝이 없다. 인간이 만물의 영장으로서 다른 동물과 구분되는 것은 확실히 창조적 정신 기능을 수행하는 우수한 뇌를 가졌기 때문이다. 뇌가 죽으면 인간으로서의 가치가 상실되고 이윽고 죽음에 이른다. 그래서 뇌를 생명의 신비를 밝히는 열쇠로 보는 것이다.

뇌는 인간의 고귀한 인격의 주체일 뿐 아니라 인류문화 창조의 근본이며, 신체의 모든 장기를 조절하는 중앙통제기관이다. 또한 뇌는 신체를 움직이게 하고, 면역 기능 조절을 통하여 신체를 건강하게 유지하는 기능도 수행한다. 앞으로 우리는 뇌의 신비를 하나하나 벗김으로써 질병으로부터 건강을 유지할 수 있고, 인간 정체성의 규명, 인간 뇌를 모방한 신경 컴퓨터의 개발과 인조인간의 개발 등이 가능해져서 뇌를 통해 혁명적 변혁이 올 것이다.[39]

우리의 몸이 허파를 통해 산소를 공급받고 있는 것처럼 우리의 뇌도 뇌 속의 혈관을 통해 끊임없이 산소를 공급받으며 호흡하고 있다. 사람의 뇌는 200억 개가량의 기억세포를 포함하여 모두 1,000억 개 이상의 신경세포(neuron, 뉴런)를 가지고 있으며, 1초에 1억 비트가량의 정보를 처리한다. 뇌의 무게는 몸 전체의 무게 중 2%에 지나지 않지만, 뇌에서 소비하는 에너지는 전체 에너지 소비량의 18%이며 산소 소비량은 40%에 달한다. 수많은 뇌 신경세포를 움직이기 위해 이렇게 엄청난 에너지가 필요한 것이다.

『기억을 찾아서』의 저자인 에릭 캔들은 인간의 핵심적인 정신 기능 중의 하나인 기억이 뇌세포의 생화학적 반응이라는 것을 찾아냈다. 그는 "인간의 의식은 상호작용하는 신경세포 집단들이 신호 전달을 하는 과정"이라며 "우리의 자아는 200~300만 개에 이르는 뇌

속의 감각 신경섬유 다발의 흥분이 지속적으로 퍼져 나가는 현상"이
라고 설명한다. 이런 신경세포 간의 신호전달 네트워크와 생기 넘치
는 확산 작용이 없다면 기억은 유기적으로 결합하지 못하고 조각나
서 기억으로 남지 못하며 경험으로 이어지지 못한다는 것이다. 다시
말해 인간의 의식과 기억은 뇌 신경세포들의 부단한 생물학적 활동
이다.[40]

이렇게 귀중한 뇌를 건강하게 유지하려면 우리가 어떻게 해야 할까?

첫째, 꾸준하고 적절한 운동 습관은 심신의 건강에 좋다. 사람이
건강해지면 뇌의 최적화가 이뤄져 학습능력도 향상된다는 것이 전
문가들의 일치된 견해이다. 어린 학생이든 성인이든 이 원리가 적용
되는 건 마찬가지다.

둘째, 적절한 음식을 섭취하는 것이다. 녹차, 견과류, 해조류 따위
는 뇌의 건강에 좋다고 한다. 특히 녹차는 뇌의 집중력을 높여주고
뇌의 활성화를 돕는다. 그리고 불포화 지방산은 뇌에 좋은 영양소다.
등푸른생선에 함유된 오메가 3는 대표적인 불포화 지방산으로 동맥
을 청소하고, 뇌의 신경 전달 물질의 기능을 향상시킨다.

서울대 의대 서유헌 교수는 아침밥은 학생이든 직장인이든 모든
사람이 꼭 챙겨 먹어야 한다고 말한다. 아침밥은 체온을 올려주고,
식욕중추의 흥분을 가라앉히며, 에너지를 만들고 대사활동을 촉진
하는 데 꼭 필요하다고 말하며, 브레인 푸드로는 콩이 가장 으뜸이
라고 추천한다.[41] 필자도 지난 30여 년 동안 아침마다 검은 콩을 먹

고 살았더니 아직도 검은 머리를 휘날리며(유전 탓도 있다고 함) 건강하게 산다.

셋째, 뇌의 충전에 심혈을 기울여야 한다. 이 세상에서 탐구의 대상이면서 동시에 탐구의 주체인 것은 뇌밖에 없으며, 자신을 정관(靜觀)할 수 있는 것 또한 뇌뿐이다. 『브레인 스토리』의 저자 수전 그린필드는 특히 뇌의 전두전야는 우리 인간의 고등정신 작용의 사령탑인 것 같다고 말한다.

또 『앞쪽형 인간』을 쓴 나덕렬 교수도 앞쪽 뇌(전두엽, 또는 이마엽이라고도 함)가 인간을 인간답게 만드는 보석 같은 기능을 맡고 있다고 설명한다. 이러한 앞쪽 뇌를 계발하기 위해서는 듣기보다는 발표를 하고 외국어를 열심히 하고 창작활동을 하라는 등의 방법들을 제시한다. 물론 몰두하면서 말이다.

그런데 여기서 중요한 사실은 뇌의 유연성이다. 운동하면 심장이 변하고 팔다리 근육이 변하듯이 뇌도 마찬가지라는 것이다. 우리가 무엇을 듣고, 무엇을 하고, 무엇을 생각하느냐에 따라 뇌세포가 변한다. 뇌 유연성은 기능적 차원에서뿐만 아니라 구조적으로도 변화할 수 있다는 사실이 밝혀졌다. 여기서 당신이 원하는 뇌는 당신의 결정에 달렸다는 것을 알 수 있다. 뇌가 무엇에 얼마나 집중(몰두)하는가가 당신의 실력을 결정하며, 더 나아가 인격을 결정한다.[42] 그것은 결국 당신의 운명을 좌우하게 된다는 것이다.

넷째, 몸과 뇌를 함께 사용해야 한다. "똑똑해지려면 머리만 사용하지 말고 몸도 사용하라. 지능은 몸에서 시작된다.” 다시 말해 “행동이 지능에 영향을 미친다”는 ‘체화된 인지이론’과도 상통하는 대목이다. 이에 따르면 문제를 풀거나 문장을 외울 때 눈동자나 손 등 몸을 함께 움직이면 더 좋은 결과가 나온다는 것이다. 성균관대 심리학과 이정모 교수는 “인간의 지능은 동물의 지능에서 진화해 왔으며, 지능이 뇌뿐 아니라 몸과 환경이 함께 만들어내는 것이라고 보면 충분히 이해될 수 있는 일”이라고 말했다.

최근 심리학계에서는 지능이 뇌에만 갇혀 있는 것이 아니라 몸 전체의 움직임이나 환경 자극에 연결돼 있다는 이른바 ‘체화(體化)된 인지(embodied cognition)’ 이론이 새롭게 힘을 얻고 있다. 곧 지능은 1차적으로 몸의 움직임을 바탕으로 발달했고, 이후 진화과정에서 추상적 개념과 언어로 발전했다는 것이다. 이 교수는 “손동작과 시각자극의 연결을 필요로 하는 낮은 단계의 지능에서 침팬지가 인간보다 더 우수한 것은 당연한 일”이라고 말한다.

‘체화된 인지’의 효과는 움직이며 대사를 하는 연극배우들에게서 잘 설명된다. 미 엘머스트대의 헬가 노이스 교수는 연극배우이자 감독인 남편과 함께 배우들이 장문의 대사를 외우는 과정을 분석했다. 2006년 노이스 부부는 배우들이 손짓하고 몸을 움직일 때 대사를 더 잘 외운다는 연구결과를 발표했다. 연구팀은 “왜 그런 대사를 하는지, 어떤 동작을 할 때 대사를 해야 하는지를 파악하기 때문”이라고 설명한다.[43] 이를 교육학에서는 ‘역할연기법(role playing method)’이라고 한다. 맡은 배역의 상황에서 생각하고 느끼며 연기에 몰입하면 대사도 잘 외우게 된다.

실제로 필자는 고산 윤선도의 '어부사시사'를 처음 읽을 때 마치 어부가 된 시늉을 했다. 철 따라 배를 띄우고 바다 위에서 고기잡이 하는 연기를 하듯이 신나게 소리 내서 읊었더니 얼마 안 가서 그 시조가사가 나도 모르게 술술 다 외워졌다.

에너지를 집중하며, 몰입(沒入)의 즐거움을 누려라

『몰입의 즐거움』의 저자인 미하이 칙센트미하이(Csikszentmihalyi, 클레어몬트대 석좌교수)는 "몰입은 문화적·종교적 차이와 직업의 종류를 떠나서 사람들에게 내적인 즐거움과 보상을 가져오는 것이며, 개개인의 자아와 잠재적인 기회를 넓혀 주는 것"이라고 설명한다. 또한 "자기가 하는 일의 결과나 남들이 어떻게 생각할지를 걱정하게 되면 몰입하기 어려우며, 과제가 너무 쉬워도 예측 가능하고 지루해져서 어느 정도의 난이도가 있어야 한다"라며, 몰입을 위해서는 그 일에 대한 재능, 분명한 목적의식, 일의 결과에 의한 반응(feedback)이 필요하다고 말한다.

그는 최근 국내에서 출간된 『몰입의 경영』에서 "해야 할 일이 구체

적으로 제시되고 반응이 즉각적인 직장이야말로 오히려 몰입이 쉬
운 곳이다”라며, 이 개념을 경영 현장에 접목했다. 회사의 목표가 직
원들에게 전달되며 의사소통이 원활할 때 기업 전체의 ‘몰입’이 이
뤄지게 되고, 사람들은 직장을 위해 자발적으로 행복하게 일할 수
있다는 것이다. 그러나 지나친 몰입은 부작용을 낳게 된다고 그는
다음과 같이 경고했다.

“일 중독증에 걸린 사람은 업무가 끝나면 갑자기 허탈감을 느끼게
됩니다. 그걸 막기 위해선 몰입의 에너지를 분산하는 것이 중요하지
요. 일에 몰입하다가도 그걸 잠시 접고 여가에 몰입할 수 있어야 합
니다.”[44]

시각화와 오감(五感)을 활용하라

시각화를 통해 기억력을 높여라. 시각화는 사람에게 심상(心像,
mental imagery)을 이끌어내는 것이다. 심상이란 마음속으로 어떤 개
념을 시각화하는 것을 말하며, 일반적으로 심상은 기억력 향상에 도
움을 준다.

인지심리학 분야에서 기억에 관한 연구에 의하면 사람들은 단어
(언어적 정보)보다 그림(시각적 정보)을 더 잘 기억한다고 한다. 이와 관
련된 이중 부호화 이론은 언어적 정보와 그림을 함께 제공하는 것이

언어적 정보만을 제공하는 것보다 기억력 증대에 더욱 효과적이라는 것이다. 이러한 이론은 소비자 행동에 따르는 광고(CF 등)와 마케팅에서 이미 적용하여 실증적 효과가 확인되고 있는 터이다.[45] 언어+그림+소리, 그리고 4차원 영화에서 실감할 수 있듯이 오감을 동원하면 기억에 더 효과적이라는 사실이 여러 연구에서 밝혀졌다.

오감과 복합감각을 활용하라. 『뇌-생각의 출현』(2009)의 저자인 박문호 박사는 뇌에서 감정과 기억은 같은 신경전달 과정을 밟기에 상호보완 작용을 한다고 말한다. 이 때문에 감정이 섞인 사건을 기억하기 쉽다는 것이다. 또한, 감정이 메마른 사람보다 풍부한 사람이 어떤 일에 감정이입이 쉬워서 기억도 잘하게 된다는 것이다. 기억을 잘하는 것은 교육에서 탁월한 학습능력을 갖추는 일이기도 하다.[46]

뇌내 변연계는 기억과 감정을 조절해 학습 및 기억능력을 주관하는 부위다. 외부로부터 들어오는 모든 정보는 대뇌피질에서 최종적인 판단을 거친 후 망상활성화계라는 거미줄 같은 섬유를 통해 온몸으로 전파된다. 어떤 지식을 효과적으로 습득하기 위해서는 시각, 청각, 촉각, 미각, 후각 등 오감의 자극이 대뇌로 들어가 망상활성화계를 통해 온몸으로 원활하게 전달돼야 한다. 감정이 복잡하거나 여러 갈래로 흩어질 때에는 망상활성화계의 기능이 약화하면서 주의력이 흩어지고 기억력도 떨어진다. 그러므로 오관(五官)의 오감을 십분 활용하는 것이 학습효율을 높인다.

특히 언어의 학습에서 그러하다. 외국인과 직접 만나 놀며 대화하는 것이 가장 빠르고 정확한 외국어 학습법인 까닭은 바로 시각, 청각, 촉각 등 오관이 거의 동시에 작용하기 때문이다. 외국인과 직접 만나지 못할 때는 입과 귀 그리고 손발이 함께 움직이며 연습하거나 누군가와 함께 역할연기를 하다 보면 자연스럽게 오관이 총동원되어 학습효과도 높아진다는 것을 알 수 있다.

팝송 가사를 즐겁게 흥얼거리면서 외우듯이 온몸으로 익힐 때 학습효과는 크게 나타난다. 현지 어학연수나 해외 배낭여행이며, 국내의 영어마을 체험이나 집중 영어 캠프에 참여하는 것도 효과적이라고 하겠다. 별로 돈 안 들이고 쉽게 이용할 수 있는 매체로는 인터넷이나 디지털 TV의 영어방송일 것이다. 물론 자신의 현재 영어 학습 능력이나 장차 영어의 활용 목적에 따라 학습 방법은 달라질 수 있다.

또한 언어는 습관이므로 너무 생각하다가 말의 타이밍을 놓치기보다는 오히려 서투르지만 느낌을 말로써 거침없이 나타내는 것이 낫다. 이때 감정을 가지고 상대의 얼굴을 서로 마주 보며 대화해야 한다. "기쁨, 행복, 슬픔 등 표정이 살아야 말이 산다"고 영어 전문가들은 일러주고 있으며, 이모션 박스(emotion box) 연습도 추천한다.[47]

잡음(noise), 잡념을 차단하라

휴대전화를 멀리 하라. 때로는 교우관계조차 최소로 하라(예로 입사시험이나 승진시험을 위해 준비에 전념하는 기간만은 그렇게 하라는 것임). 그것은 괴롭고 외롭지만 공부와 연구에 몰두할 수 있게 할 것이다. 30년 전 대학생이 강의를 듣다가 잠시 교실 밖으로 나갔다 들어오는 경우는 거의 다 화장실에 다녀오는 것이었다. 요즈음은 한 시간 동안 몇 명이 들락거리는 게 보통이다. 아마도 매너 모드로 바꿔놓은 휴대전화가 흔들렸거나 어떤 문자를 받고 화답하기 위해 나가는 경우일 것이다. 심지어는 나가지도 않고 자판도 안 보며 엄지로만 문자 메시지(SMS)를 보내는 달인들도 많다. 그러나 취업의 좁은 문을 뚫고 들어가기 위해 안간힘을 쓰는 어느 대학 도서관에서는 휴대전화의 매너 모드조차 용납되지 않는다고 한다. 공부와 일에 몰입하려는 당신의 선택은 어느 쪽인가?

반복 학습과 연상, 그리고 통찰력을 키워라

메인게임에 앞서 수많은 평가전을 한다든지, 진짜 공연에 앞서 실전처럼 연습하는 것을 리허설(rehearsal)이라고 한다. 아무리 리허설이 완벽하다 하더라도 실제 공연이나 실전상황에서 반드시 마음먹은 대로 좋은 결과가 나온다는 보장은 없다. 그러나 리허설이 충분하고 만족스러울수록 자신감을 가지고 실전에 임하게 되므로 좋은 결과가 나타날 가능성이 높다. 스포츠, 공연, 강연, 프레젠테이션, 면접 및 논술 시험, 이벤트 등을 비롯하여 요즈음엔 고위 공직자청문회 후보자도 리허설을 한다. 리허설은 '필요선' 이므로 당사자들이 힘들겠지만, 옆에서 굳이 말릴 이유가 없다.

예습, 복습, 예행연습, 반복연습, 상상하기, 이미지와 연결지어 생각(기억)하기, 명상 등은 학습능력을 높인다. 아리스토텔레스는 탁월한 사람이 되는 방법을 다음과 같이 말했다.

"탁월함은 훈련과 습관이 만들어낸다. 이는 훈련과 습관이 만들어 낸 작품이다. 탁월한 사람이라서 올바르게 행동하는 것이 아니라, 올바르게 행동하기 때문에 탁월한 사람이 되는 것이다. 자신의 모습은 습관이 만든다."[48]

세계적인 경영 사상가로 최근 『아웃라이어』를 쓴 말콤 글래드웰은 US 에어웨이 여객기 고장으로 허드슨 강에 불시착한 사고에서도 침착하게 조종을 하여 155명의 목숨을 구한 체슬린 설렌버거 기장이야말로 바로 아웃라이어라고 말한다. 아웃라이어는 보통 사람의 범주를 넘어서 뛰어난 성공을 거둔 사람을 뜻한다.

'19,000시간의 비행 경험' 이 그 비결이라고 글래드웰은 강조한다. 글래드웰은 아웃라이어들의 성공 비결을 '1만 시간 법칙' 과 '마태복음 효과'로 요약한다. 1만 시간은 어떤 분야에서 숙달되는 데 필요한 절대 시간이다. 하루 3시간씩, 일주일 꼬박, 10년을 보내야 확보되는 시간이다. 작곡가나 야구 선수, 소설가, 스케이트 선수, 피아니스트, 그 밖에 어떤 분야에서든 이보다 적은 시간을 연습해 세계 수준의 전문가가 탄생한 경우를 발견하기 어렵다고 그는 말한다.

그러나 이 시간은 누구에게나 주어지지 않는다. "무릇 있는 자는 받아 풍족하게 되고 없는 자는 그 있는 것까지 빼앗기리라"는 마태복음의 법칙이 적용된다. 다시 말해 미래의 성공으로 이어지는 특별한 기회를 얻어낸 사람이 성공을 거두게 된다는 이야기이다.[49] 힘들이지 않고 실력이 향상되는 비법은 없는 것 같다. 땀 흘려 힘들인 것만큼 실력향상이라는 보상이 따른다.

심신의 조화와 긍정적인 기분을 가져라

몸과 마음이 조화를 이루고, 평정심을 갖는 것이 바람직하다. 몸과 마음은 따로 놀지 않는다. 내일 할 일을 생각해서 오늘 저녁 충분히 자야 한다. 규칙적으로 충분히 쉬면서 학습을 하지 않으면 몸에 탈이 나기 쉽다. 잘 먹어야 건강하고 건강해야 공부도 일도 다 잘할 수 있다.

한편 자율신경으로 하여금 긴장을 잘 조절하여 마음의 평화를 유지하는 게 필요하다. 앞의 긍정심리에서도 논의한 바와 같이 즐거운 기분으로 공부와 일을 할 때 학습의 효율과 일의 생산성이 높아진다. 인지심리학의 연구결과인 '신바람이 나야 머리가 잘 돌아간다'는 말은 긍정적인 기분의 소유자는 긍정적 정보를 더 잘 회상하고 부정적 기분의 소유자는 부정적 정보를 더 잘 회상한다는 것이다.

뇌는 격려해야 제 기능을 발휘하므로, 긍정적인 사고를 갖도록 주위에서 다독거려야 한다. 자신감이 떨어지면 스테로이드 호르몬 분비가 늘어나 정서가 불안해지고 면역력이 떨어진다. 부정적인 사고는 뇌 회로의 흐름을 방해하고 막아버린다. 그러므로 확신에 찬 긍정적인 마음으로 공부나 일을 해야 뜻대로 잘할 수 있다.[50]

'남자의 자격-하모니'(KBS2 TV, 2010.9) 편에서 개그맨, 격투기 선수, 방송인, 연예인 등 32명의 오합지졸로 구성된 합창단의 공연이 (제7회 거제전국합창경연대회) 끝나자 1,200명의 청중과 수백만 명의 시청자들은 감동에 넘쳐 우레와 같은 박수갈채를 보냈다. 합창 단원들도 서로 얼싸안고 감격의 눈물을 흘렸다. 악보도 잘 볼 줄 모르는 상태에서 합창 미션이 이렇게 훌륭한 하모니로 탄생할 수 있었던 비결은 무엇일까? 그것은 바로 단원들의 의지, 스태프의 도움, 그리고 리더십을 갖춘 탁월한 지도자의 합작품이라고 여겨진다.

먼저 단원들이 청중을 즐겁게 하려면 합창에 성공해야 한다는 생각을 이심전심으로 공유하였다. 불협화음을 화음으로 바꾸고 익살스런 율동도 넣으면서 열심히 연습을 반복한 결과이다. 프로그램 스태프들의 헌신적인 뒷받침 역시 컸다. 그리고 지휘를 맡은 박칼린(44, 호원대 뮤지컬과) 교수가 아마추어 단원들을 격려하며 열성껏 지도한 덕분이다. 신들린 그녀의 열정이 모두의 영혼을 하나로 모아 토해낸 것이다. 그녀는 이렇게 말한다.

"내 인생에서 내가 선택한 일(음악과 무대)에 열정을 쏟는다는 건 즐거운 일이다. 몸속의 세포 하나하나가 하고 있는 일에 감동받기를 바라면서 에너지를 집중한다."

남·여의 차이와 학습법의 차이를 인식하라

남자아이는 장난감 차를 갖고 놀고 여자아이는 인형을 갖고 놀기를 좋아한다. 이는 후천적 사회화 효과가 아니라 출생 전후 호르몬이 좌우한다는 사실이 최근 많은 연구에서 밝혀졌다. 장난감 선호도에서 보는 것처럼 인지 과정의 성 차이는 길 찾기와 시각정보처리에서도 나타난다. 동물실험에서 암컷은 길을 찾을 때 표지가 될 만한 사물과 공간 형태 모두에 관심을 기울이지만, 수컷은 공간 형태만 보고 길을 찾았다. 이 역시 호르몬에 영향을 받는다는 사실이 확인된 것이다. 인간도 마찬가지이다. 성인 남녀가 운전하는 행태를 보면 대체로 여성이 안전 운전을 잘하지만 먼 길을 찾아가는 데는 남성에 미치지 못하는 경향이 있다. 물론 때때로 개인차가 성차보다

클 수 있지만 말이다.

뇌 과학과 마케팅을 결합한 신경마케팅(neuromarketing) 학자인 독일의 한스 호이젤 박사는 남자와 여자의 뇌가 다음과 같이 다르다고 설명한다.[51]

"남성과 여성의 뇌는 호르몬과 해부학적 측면에서 300여 가지나 차이점을 갖고 있다. 여성의 뇌는 더 많은 에스트로겐을 갖고 있는데, 이것은 상호 교감적 사고, 직관적 사고, 감정적 느낌을 증가시켜 더 감정적인 삶을 살게 한다. 그래서 여성은 건강 제품이나 소설, 예술품 등 환상을 자극하는 상품에 잘 반응한다. 반면 남성의 뇌는 테스토스테론의 지배를 더 많이 받으므로 지배적, 분석적인 기능이 활성화된다. 그래서 스포츠, 포르셰(스포츠카), 컴퓨터와 같은 제품에 관심을 갖게 만든다."

디자인 측면에서 보면 남성은 사각형 모양의 직선적이고 실용적인 형태를 선호하는 반면, 여성은 부드럽고 따뜻한 형태를 좋아한다. 오스트리아의 생수업체 푀스라우어는 용기를 부드러운 곡선 형태로 바꾸는 것만으로 여성 고객에 대한 시장점유율을 획기적으로 올렸다.

최근 자료에 의하면 남학생이 여학생보다 게임에 중독이 잘 되는 것으로 나타났다. 그 까닭은 단순히 게임을 접하는 횟수와 같은 환경적 요인 때문만이 아니다. 2008년 미국 스탠포드대 약대 연구팀은 남성이 게임을 할 때 여성보다 정신적인 쾌락 등을 담당하는 대뇌변연계(해마)가 30% 이상 더 활성화한다는 연구결과를 발표했다. 대

96

뇌변연계는 대뇌피질과 뇌간을 연결하는 부위로, 감정 변화, 본능 · 욕구조절, 동기유발에 관여한다.

신영철 강북삼성병원 정신과 교수는 "게임을 할 때 뇌는 도파민 같은 신경전달 물질을 분비하는데, 이 물질은 변연계를 자극해 쾌감을 느끼게 한다. 이 부위를 지속적으로 자극받은 사람은 더 큰 자극을 원하게 되어 결국 중독에 빠지게 된다"고 말했다. 즉, 게임을 할 때 남자가 여자보다 변연계가 더 활성화되므로 결국 쉽게 중독된다는 설명이다.

성인 남성이 여성보다 술이나 마약 같은 약물에 더 쉽게 중독되는 이유도 비슷하다. 변연계는 게임뿐만 아니라 술이나 마약 같은 물질에 자극을 받는 부위이기 때문이다. 실제로 2009년 12월 김상은 분당서울대병원 핵의학과 교수팀은 "게임중독자의 뇌에서 활성화되는 부위가 마약에 중독됐을 때 활성화되는 부위와 같다"는 연구결과를 발표했다. 또한 신영철 교수는 "중독은 신경전달 물질 도파민이 일으킨 일종의 뇌 기능 장애이므로 술이나 마약 같은 물질에 중독되는 것과 게임이나 도박에 중독되는 것은 그 과정이 비슷하다"고 말했다.[52]

두뇌도 휴가가 필요하다

말과 글이 길 때는 중간에 쉼표(,)가 필요하다. 마찬가지로 우리는 일을 하다가 중간에 쉬면서 힘을 재충전한 다음 그 일을 계속해야 효율성을 높일 수 있다. 다소 엉뚱한 이야기로 들릴 수 있을지 모르지만, 필자는 고3 여름방학 때 이른바 농촌 봉사활동을 다녀왔다. 강원도 원성군 신림면 황둔리에서 보름 동안 논밭 일을 도우며 저녁에는 초등학생들과 공부하며 놀이를 즐겼다. 그때나 지금이나 입시를 준비하는 고3 수험생이 이 소리를 들으면 "대학은 포기했나 보군"이라고 말하겠지만 나는 분명히 대학 입시를 준비하고 있었으며, 고교의 청소년적십자(JRC, 지금의 RCY) 단장으로서 농촌봉사 활동에 대한 신념과 열정이 대단히 높았기 때문에 잠시 책을 덮고 봉사하러 간 것이었다.

땅보다 하늘이 더 좁게 보이는 것 같은 치악산 깊은 골짜기의 마을에서 봉사하던 그때 참으로 놀라운 경험을 하였다. 밭에서 김을 매고 논에서 피사리하는 동안 논밭 전체가 자연과학의 산 교실처럼 생물 교과서의 내용을 하나하나 떠오르게 하고, 밤하늘의 별들을 보는 순간 지구과학의 내용이 생생하게 비치는 느낌이 드는 것이다. 그리고 국어에서 배운 산문과 운문이 콧노래로 흥얼거리게 되고 역사의 흐름이 저 산맥을 따라 죽 펼쳐지는 느낌이다. 한마디로 수학만 빼고 나머지 입시 과목은 이렇게 농촌의 푸른 자연과 하늘을 쳐다보면서 복습을 한 셈이다.

'4당 5락'이라는 말이 있다. 실제로 최근 통계청 조사에서 고3 수험생들이 하루 평균 5시간 24분을 자고 11시간 3분가량 공부하는 것으로 나왔다. 그들은 새벽 1시까지 학원에 갔다가 다시 7시까지 학교에 가서 온종일 오로지 공부에 매진한다. 그러니 대부분의 고교생은 학교에서 온종일 '비몽사몽' 지내는 경우가 많을 수밖에 없다. 잠을 푹 잔 학생들이 잠이 모자라는 학생들보다 수학 문제를 3배 가까이 풀어냈다는 논문이 과학 잡지 「네이처」에 실린 적도 있다.

사람은 잠을 자면서 깨어 있는 동안에 뇌에 입력된 정보들 가운데 필요 없는 정보는 지우고 필요한 정보는 정돈해 장기 기억을 담당하는 부위에 저장한다. 이 작업은 눈동자가 빠르게 움직이면서 자는 이른바 '렘(REM, rapid eye movement) 수면' 시간 동안 집중적으로 일어난다고 한다. 말하자면 잠자는 동안 뇌가 내일의 활동을 위해 정보를 재구성해 두는 것이다.

공부의 효율성이란 곧 대뇌의 기억력의 수준이 아닌가. 대뇌가 감당하기 어려울 정도로 정보의 과부하에 시달리게 된다면 위에서 말한 바와 같이 대뇌의 정보처리능력은 떨어지게 마련이므로 대뇌에 대한 주인의 배려가 필요하다.

대뇌의 주인이여, 부디 대뇌가 푹 쉴 시간을 주어 보라. 한여름에 사람이 더워서 숨쉬기조차 어려운 때에는, 그리고 정보과부화로 머리가 터질 것만 같을 때에는 제발 며칠 동안만이라도 한적한 숲 속에서 시원한 산소를 실컷 마시며 자연, 사회, 국어를 읊조려 보게 하라. 가끔 영어로 중얼거리면 어떠하리.

입사시험, 자격시험 등 각종 시험 준비를 하는 성인들의 경우라고

해서 위에서 말한 고3 수험생의 두뇌 관리와 뭐가 다를 게 있을까? 물론 나이가 들수록 이미 뇌 속에 저장된 정보가 많다는 점이 다르긴 하지만 기본적으로 누구의 뇌든 주기적으로 쉬어야 한다.

특히 창의적인 일을 하는 사람들에게 틀에 박힌 방식으로 일하며 주어진 시한 안에 어떤 아이디어나 창작물을 만들어내라고 하면 그들의 두뇌가 잘 돌아가기 어려울지도 모른다. 차라리 근무하는 장소와 시간, 그리고 근무방식조차도 될 수 있는 대로 마음대로 풀어주는 게 노동 생산성을 높일 수 있을 것이다.

팀의 의견을 깊이 조율하기 위해 꼭 한자리에 모여야 할 경우가 아니라면 스마트폰만으로도 의사소통이 충분하지 않을까. 그들의 두뇌는 쉬는 것도 크게 보면 일하는 것이기 때문이다. 물론 가끔 소속감과 정체성을 일깨우는 모임은 필요하며 엄정한 업적평가가 인사고과에 반영되어야 하겠지만 말이다.

여기서 말하는 자유로운 근무방식이 자유분방하고 무절제한 생활을 가리키는 것은 결코 아니다. 자기 나름대로 규칙적이고 절제된 생활을 해나가지 않으면 심신의 리듬이 깨지고 일 자체에 대한 성취욕이 떨어져 창의성마저 기대할 수 없게 될 것이다.

KT가 육아 여성 근로자들이 회사를 출근하지 않고도 가정이나 가까운 간이 업무 공간에서 일할 수 있는 '스마트 워킹(smart working)'[53] 제도를 최근에 도입한 것은 위와 같은 취지에서 볼 때 상당히 긍정적인 변환이라고 평가할 수 있다. 삼성SDS, LG이노텍 등도 이러한 시스템을 채택하고 있고, 일본 소니와 파나소닉의 부분적인 재택근무 및 e워크 제도, 미국 테네시뱅크의 유연 근무제가 전 세계적으로 확산하고 있다.

이처럼 일과 가정이 양립할 수 있게 하는 이른바 퍼플 잡(purple job) 제도와 탄력적인 근무방식 등의 채택은 고용기회의 확대 및 고용안정이라는 면뿐만 아니라 구성원의 노동 생산성과 아이디어 창출에도 도움이 될 것이다. 또한 조직의 입장에서도 비용절감의 효과가 기대된다.

한국은 통신망과 인터넷 같은 IT 환경이 세계에서 가장 앞서 가는 수준이므로 직장에서의 근무방식에 대한 인식과 문화를 바꾸면 이러한 스마트 워킹 방식은 더 빠르게 확산될 수 있을 것이다.

상상력을
키워라

상상력으로 도구를 만든 인간

아인슈타인은 "지식보다 중요한 것은 상상력이다"라고 말했다. 동물들도 도구를 만들어 사용한다. 이것은 그들도 상상력과 혁신의 능력이 있음을 뜻한다. 영리한 까마귀는 긴 병 속에 넣은 먹이를 꺼내 먹기 위해 철사 같은 갈고리를 사용할 줄 알고 침팬지는 긴 나뭇가지를 흰개미 굴에 집어넣었다가 꺼내면서 붙어 있는 흰개미를 핥아 먹는다. 이 밖에 많은 동물들이 나름대로 도구를 활용하는 재주를 가졌다.

그러나 모방과 상상력을 통해 도구를 가장 잘 사용하는 인간인 '도구인(homo faber)'이 만물의 영장 자리에 오른 것이다. 인간은 치타처럼 빠르지 못하고 원숭이처럼 나무를 잘 타지 못한다. 개미처럼 부지런하지 못하며 개처럼 충성심이 높지도 않다. 하지만 직립 보행이라는 독특한 자세를 취함으로써 만물의 정상에 우뚝 섰다. 자유로워진 두 손으로 각종 도구를 만들고, 두뇌가 커진 데 힘입어 기억력과 사고력이 발달하게 됐다.

사랑, 인내, 절망 같은 추상 명사를 사용할 뿐 아니라 도구로 또 다른 도구를 만드는 동물로 성장했다. 찰스 파스테르나크의 『무엇이 우리를 인간이게 하는가』는 우리가 유인원이나 침팬지와 어떻게 다르게 진화해 왔는지를 밝히고 있다.[54]

각계 전문가 15명이 '인간의 조건'을 언어, 수학, 음악, 말하기, 영혼, 마음을 읽는 능력 등 다양한 각도에서 관찰하고 조명했다. 심리학자 수전 블랙모어는 '모방'을 인간의 고유 속성으로 보았다. 이 재능 덕분에 평범했던 유인원에서 커다란 뇌와 언어, 음악 및 미술에 대한 흥미를 갖게 됐으며, 복잡한 문화를 축적한 존재로 진화할 수 있었다는 설명이다.

문제는 사람이 어떤 상상을 하느냐에 따라 그 사람의 미래가 결정된다는 것이다. 관점이 긍정적 · 부정적인가에 따라 운명의 길은 바뀐다는 것이다.

평범한 사람들은 위대한 과학자나 예술가처럼 세상을 바꾸는 아이디어를 내놓지는 못하더라도 일상생활에서 겪는 문제를 좀 더 창의적으로 해결할 수 있게 되길 소망한다. 격월간 「사이언티픽 아메리칸 마인드」(2008년 6, 7월호)에서는 보통 사람들이 창의적인 능력을 함양하는 방법이 커버스토리로 소개되었다. 창의적인 사람이 되려면 다음 네 가지 기술을 갖춰야 한다.[55]

❶ '획득(capturing)' 이다. 새로운 아이디어가 생각나면 기록에 남겨 보존하는 습관을 갖도록 해야 한다. 필자는 언제 어디서나 메모를 할 준비가 되어 있다. 특히 잠에서 깨어나자마자 좋은 아이디어가 떠오를 때가 많아 불을 켜지 않고 메모를 할 수 있도록 종이와 볼펜을 머리맡에 놓아두는 버릇이 있다. 거의 메모광이다. 그 덕분에 이런 책도 쓰고 있는 게 아닐까.

❷ '도전(challenging)' 이다. 될 수 있는 대로 어렵고 힘든 문제에 매달려야 한다. 어려운 문제일수록 여러 해결 방안을 궁리하게 되고, 여러 방안을 분석하다 보면 새로운 아이디어가 나오게 마련이다. 자나 깨나 그 문제에 골몰하다 보면 꿈속에서 문제의 실마리가 나타나기도 하고 산책하는 동안 퍼뜩 떠오르기도 한다.

❸ '확장(broadening)' 이다. 여러 분야에 많은 관심을 갖고 지식을

104

꾸준히 습득해야 한다. 머릿속의 지식이 다양할수록 여러 생각을 연결시켜 새로운 아이디어를 만들어낼 수 있기 때문이다. 전공서적은 평생 읽고 익혀야 하며, 교양서적 또한 폭넓게 읽고 듣고 경험해보는 것이 좋다. 동서고금의 소설이나 판타지 소설은 상상력을 키운다. 엔씨소프트의 김택진 사장은 "게임은 예술이며 상상력의 산물이고 몰입의 한 수단이다. 그러나 폭력성과 선정성은 문제다"라고 말한다.

❹ '환경(surrounding)'을 조성하는 능력이다. 천재는 홀로 지낸다는 고정관념은 잘못된 것이다. 천재는 남이 이룩한 성과로부터 영향을 받는다. 갈릴레이가 없었다면 뉴턴이 업적을 낼 수 없었으며 뉴턴이 없었다면, 아인슈타인은 나타나지 못했을 것이다. 창의적인 사람들은 남의 지혜를 활용한다. 그러므로 다양한 지식을 가진 사람들과 네트워크를 구축해 놓으면 새로운 아이디어를 얻는 데 효과적일 수 있다.

그렇다면 창의적인 아이디어를 내는 사람은 어떠한 사람일까?

❶ 그 분야에 몰입하는 습성을 가졌다. 앞에서 살펴본 말콤 글래드웰의 『아웃라이어』의 요건은 어느 한 분야에서 적어도 1만 시간을 몰입해야 한다는 것이다. 뇌과학자 모기 겐이치로도 그의 『창조성의 비밀』에서 글래드웰과 마찬가지로 대체로 10년은 그 분야의 학습(연습)에 몰입해야 한다고 설명하면서 "우리 뇌는 불확실성을 찾아 번뜩인다. 이것이 바로 창의성이며 이러한 번뜩임은 충분한 학습량이 있

어야 일어난다”고 했다.[56]

❷ 실패를 두려워하지 않고 새로운 기회로 받아들인다. 실패가 창의성을 직접 자극한다는 실험 결과도 나왔다.

❸ 남의 비판도 기꺼이 받아들일 마음가짐이 되어 있어야 한다. 비판을 두려워하면 그 순간 창의적인 사고는 불가능해진다.

❹ 여유를 즐길 수 있는 사람이다. 낮잠을 자는 등 짧은 휴식시간을 자주 갖는 것도 창의적인 아이디어를 내는 데 크게 도움이 되는 것으로 알려져 있다.

❺ 때때로 엉뚱하고 바보스럽게 보일 수 있는 행동을 한다. 20세기 대량생산 시대에는 꿈과 상상력, 장난스러움이 그야말로 바보 같은 행동으로 여겨졌다. 그러나 과거에 존재하지 않던 혁신적 미래 사업이나 상품을 창조적으로 만들어야 하는 21세기에는 엉뚱하고 장난스러운 꿈과 상상력이 가장 중요한 경쟁력의 원천이다. 바로 ‘바보스러움의 기술’이 필요한 것이다. 실제 애플, 구글, 3M, 마이크로소프트, 닌텐도 같은 창조적 기업들은 ‘상상력’을 경영의 핵심 화두로 삼고 있으며, GE는 ‘상상력을 통한 한계돌파(imagination breakthrough)’를 핵심 가치로 삼았다. 이처럼 21세기 창조경영 시대에 상상력과 장난스러움은 가치 창출과 경쟁력 강화에 필요한 ‘의미 있는 바보스러움(sensible foolishness)’이다.[57]

요컨대 창의적인 능력은 특별한 사람에게만 주어지는 선물이 아니라 누구나 다양한 방법으로 계발할 수 있는 자질이다. 따라서 유치원 시절부터 아이들에게 창의적인 문제해결능력을 가르치지 못할 이유가 없다. 창의성은 전염성이 강해서 어린이들에게 창의적인 인물들의 여러 모습을 보여주면 금방 모방을 하게 될 것이다. 어린이의 상상 속에서 우리의 미래는 자라난다.

아직도 암기 위주의 교육평가가 우리나라의 모든 교육과정에서 상당히 남아 있는데, 이러한 교육방법은 창의성을 가로막는 것으로서 지양되어야 마땅하다. 또한 섬세한 솜씨와 창의력을 발전시키는 교육이 되살아나기 위해 현장 체험, 실험 실습, 창작과 토론 등이 학습 및 평가에서 중심이 되어야 할 것이다. 최근 3차 공교육강화협의회가 모든 초중고교의 평가를 글쓰기, 토론 등 서술·논술형 평가로 바꿔 학생의 창의와 논리적 사고력을 높이기로 한 것은 바람직한 방향이다.

"학생들의 창의성은 기르는 게 아니라 스스로 샘솟게 해야 한다"는 교육철학이 우리나라의 각급 학교에서 하루 빨리 뿌리내리기를 바란다.

Chapter 2

협동심을 지닌 관리

R 인간관계

학교성적이 반드시 사회에서의 성공으로 이어진다는 보장은 없다. 그 까닭은 학교의 성적평가가 모든 과목의 종합점수로 나타내는 비중이 큰 반면, 각자의 성품이나 주특기, 혹은 인간관계 같은 사회적 지능지수(SQ)는 별로 반영되지 않기 때문이다. 인간관계가 시원찮아서 남들로부터 따돌림을 당한다든지 신뢰와 존경을 받지 못한다면, 그러한 사람이 사회에서 크게 성공하기는 어렵지 않을까. 그러나 현실사회에서 사회적 지능지수도 높고 수리 문제를 잘 풀며 어학 실력도 막강한 사람이 대체로 성공할 가능성이 높게 마련이다. 따라서 위의 말이 학창시절의 학습생활을 게을리 해도 좋다는 뜻은 아니다.

인맥사슬은 성공의 끈이다

쥐는 평균 600일 정도 사는 동물인데, 여러 마리가 함께 있을 때는 700일을 살 수 있다고 한다. 그런데 사람이 먹이도 주고 하루에 한두 번씩 안아주면서 정성껏 돌본 쥐는 950일도 넘게 산다는 것이 실험을 통해 밝혀졌다.[58] 사람도 마찬가지다. 우리나라에서 100세 이상 사는 노인들이 장수하는 비결을 여러 번에 걸쳐 조사·분석한 결과 가족의 정성어린 돌봄과 이웃 간의 따스한 우애가 예외 없이 포함된 것으로 나타났다. 사회생활에서 나 혼자의 힘으로 성공할 수 있는 일은 거의 없다. 나 하나는 비록 불완전하고 부족하지만 다른 사람과 합심하고 협력함으로써 어떤 일이든 더욱 잘해낼 수 있는 법이다. 『어린왕자』, 『인간의 대지』 등으로 유명한 생텍쥐페리는 "인간은 상호관계로 묶인 매듭이요, 거미줄이며, 그물망이다. 이 인간관계만이 유일한 문제다"라고 말하기도 했다.

관계의 촉매

인간(人間)은 시간(時間)과 공간(空間) 사이(between)에 산다. 그 사이, 곧 관계를 벗어나서는 협동의 삶을 살 수 없다.

관계의 끈은 신뢰다

믿을 신(信)은 인(人)과 언(言)의 합자다. 인간의 말은 신의가 있어야 한다. 남에게 하는 말은 실천을 전제로 해야 하며, 믿음은 인간과 인간이 사회적으로 연결되는 고리이다. 공자의 네 가지 가르침인 '학문·덕행·충성·신의' 속에도 신의가 포함되어 있다. 유교에서 변하지 않는 도(道)로 여기는 인(仁)·의(義)·예(禮)·지(智)·신(信)의 다섯 가지 덕목인 오상(五常)은 유교를 숭상한 근세 조선시대의 수도 한양에 건립한 사대문 중 하나인 숙정문(북쪽 대문에 해당하는 것은 본래 智인데, 靖 靖字를 써서 사용함. 숙종 때 숙정문 근처에 따로 홍지문을 세워 사람들이 통행토록 함)과 종로의 보신각(普信閣)에도 새겨져 있다.

사람이 입신(立身)하는 것은 신(信)이다. 믿음으로 사람을 대하면 배반당하지 아니하고, 믿음으로 일을 처리하면 존경받게 된다. "신(信)이란 인(仁)과 친함을 의미한다"라고 좌전에서 말하고 있다. 부처의 대자대비(大慈大悲)에 관한 실천덕목으로 신의가 나오고, 예수가 가르치신 신·망·애(信·望·愛)의 덕목에서도 인간의 신의가 빠짐없이 나온다. 인간관계에서 신용은 서로의 마음을 연결해주는 끈이며 이는 약속을 지킴으로써 확인할 수 있다. 따라서 약속을 지키지 않는 사람은 신용거래가 끊길 뿐 아니라 인간관계 자체가 끊길 수 있다.

일본의 '경영의 신'이라고 불리는 마쓰시다 고노스케는 사람을 평가할 때 주위 사람들로부터 신용이 얼마나 있느냐에 기준을 두었다고 한다. 그리고 사업을 하려면 '씨 돈'을 마련해야 하는데 이때 돈을 빌릴 수 있는 능력이 있어야 한다고 강조했다. 실제로 그는 당시 100만 엔의 돈을 하루 만에 빌릴 수 있는 사람에게는 1,000만 엔의 자금을 대주어 사업하도록 도와주기도 했다. 주위 사람들에게 신용이 있는 사람은 하는 일도 믿을 수 있다는 생각에서다.[59]

노자(老子)의 인간관계 오계명

노자는 중국 고대의 철학자이며, 도가(道家)의 창시자다. 주나라의 쇠퇴를 한탄하고 은퇴할 것을 결심한 후 서방(西方)으로 떠났다. 그 도중 관문 지기의 요청으로 상하 두 편의 책을 써주었다고 한다. 이 것을 『노자』 또는 『도덕경(道德經)』이라고도 하는데, 도가 사상의 효시로 일컬어진다.

노자의 『도덕경』에서 '도'는 우주의 궁극실재 혹은 근본원리요, '덕'이란 그 '도'가 구체적인 인간이나 사물 속에서 자연스럽게 구현될 때 얻어지는 '힘' 같은 것이라 할 수 있다. 이 『도덕경』(총 81장)에서 특히 인간관계에 유의할 항목을 선별하면 다음과 같이 다섯 개

로 요약할 수 있는데, 그중에 '말'과 관련된 것이 세 가지나 포함되어 있다.[60]

❶ **겸손하라.** 항상 자신을 낮춰라. 강과 바다가 모든 골짜기의 왕이 될 수 있는 까닭은 스스로 낮추기를 잘하기 때문이다(66장). 가장 훌륭하게 되는 것은 물처럼 되는 것이다(상선약수, 上善若水, 8장). 노자는 『도덕경』을 통해 물보다 약한 것이 없지만, 강한 공격에 물만한 것도 없다고 가르치고 있다. 휘면 온전할 수 있고, 굽으면 곧아질 수 있고, 적으면 얻게 되고, 많으면 미혹을 당하게 된다(22장). 너무 자랑하며 뽐내지 말아야 오히려 인정받고 적을 만들지 않는다는 말이다.

❷ **아는 체하지 마라.** 알지 못했던 것을 아는 것이 가장 훌륭하다. 그러나 알지 못하면서도 안다고 하는 것은 병이다. 너무 아는 체하기보다는 침묵하는 편이 낫다. 슬기로운 사람은 아는 것을 남에게 나타내려 하지 않는 법이다(71장).

❸ **말을 삼가라.** 아는 사람은 말하지 않고 말하는 사람은 알지 못한다(知者不言, 言者不知, 56장). 도는 말로 표현할 수 없는 그 무엇이 있다는 가르침이다. 인간관계에서 우리는 말을 조심해야 하며, 불필요한 말을 하느니 차라리 침묵이 낫다는 가르침이다.

❹ **믿음직스러운 말을 하라.** 아름다움, 변론, 그리고 박식함을 넘어서 믿음직스러운 말을 하라(81장). 약속은 반드시 지켜야 믿음이 따른다.

❺ **남에게 원한을 사지 마라.** 깊은 원한은 화해하더라도 여한이 남는 법이다. 남에게 원한을 살 일을 하지 마라(79장). 원한이 있다면 물론 풀어야 한다.

아무리 머리가 좋고 재능이 있어도 인간관계가 좋지 않아서 실패한 사람도 많다. 좋은 인간관계는 인생의 윤활유이자 처세의 기본이기도 하다. 다음은 앤 랜더스의 인간관계 십계명이다. 노자의 인간관계 오계명과 비교해보자. 진심으로 상대를 존중하는 마음으로 대하라는 것과 말에 유의하라는 메시지가 고금동서를 가리지 않고 똑같이 울려 퍼지고 있는 것 같다.

인간관계의 십계명

❶ 반가운 인사말을 하라.

❷ 웃음으로 사람을 대하라. 얼굴을 찡그리는 데는 72개의 근육이 사용되지만 웃음은 단지 12개만 사용된다.

❸ 상대방의 이름을 불러라. 누구에게나 가장 달콤한 음악은 자신의 이름을 부르는 소리이다.

❹ 친절하게, 그리고 도움을 줘라.

❺ 충심으로 대하라.

❻ 진정어린 관심을 가져라.

❼ 칭찬을 아끼지 말고 비판은 삼가라.

❽ 상대방의 감정을 먼저 생각하라.

❾ 도움의 손길을 주도록 노력하라.

❿ 좋은 유머 감각, 많은 인내, 약간의 겸손을 덧붙여라.

— 미국의 여류 시사평론가 앤 랜더스(Ann Landers),
News America Syndicate, 1985.05.30.

🐦 인간관계의 형성과 유지

우리가 자연과의 관계에 초점을 둔 화두를 이어가고 있지만, 인간은 결국 사회적 동물이다. 따라서 사회지능(SQ)과 감성지능(EQ)이 리더의 가장 중요한 덕목임을 명심하라. 학교에서 공부 잘했다고 혼자 잘난 체하며 사회에서 외롭게 사는 친구는 어느 조직에서든 '책사(策士)는 될 수 있을지 몰라도 주군(主君)은 되기 어려울 것'이다. 사업이든 정치든 교육이든 그 일에 성공하려면 자기 자신의 역량도 중요하지만 다른 사람의 역량을 이용할 수 있어야 더욱 일을 잘해낼 수 있다. 다시 말해 '인맥 사슬'을 잘 만들어 관리해야 한다.

온 · 오프라인에 걸친 모든 커뮤니티(혈연, 지연, 이웃사람, 공공기관, 종교모임, 각종 소속단체, 사이버 커뮤니티 등)의 회원관리가 지속적으로 이뤄져야 한다. 회원관리는 관여 범위와 관여도(몰입수준)를 정하는 일이다. 여기서 관리의 주체는 바로 당신이 회장이든 회원이든 상관없이 누구나 해야 한다는 이야기이다. 큰 단체 속의 소공동체(동기회, 골프클럽, 교회 청년봉사회 등)부터 차츰 관여범위를 넓혀 챙겨나갈 때 의미 있는 결속을 다져나갈 수 있을 것이다.

상대가 나를 필요로 할 때 반드시 참여하고 협력하는 것이 인간관계의 기본이다. 예를 들어 결혼식에 축하하러 가고, 초상 때 문상하는 걸 빼놓고 끈끈한 유대관계를 말할 수 있겠는가. 특히 우리나라에서는 문상이 가장 중요한 인사라는 사실을 잊어서는 안 되며, "필요할 때의 친구가 참된 친구다"라는 서양 속담도 잊지 말아야 한다.

그리고 젊은이들 사이에는 온라인상에서 '1촌 맺기'를 많이 하는데, 극단적인 사이버 관계에만 의존할 때 그것은 허상이요, 자기도피의 결과로 나타날 수 있다. 오프라인에서의 친구를 기본으로 하고 온라인의 친구 가운데서도 선별하여 오프라인 친구로 연결해 보는 것이 바람직하지 않을까? 필자도 페이스북(facebook) 친구들과 가상공간에서 어울리는 것이 재미있다. 느슨한 관계의 의사소통이지만 말동무가 있어 든든한 느낌도 든다. 그러나 진짜 오랜 친구와는 자주 전화를 걸고 직접 만나서 담소를 즐기며, 때로는 고민을 털어놓고 해법을 의논한다.

간단히 말해서, 인맥은 온·오프라인에 걸쳐 자신에게 실속 있는 방법으로 통합적 관리를 할 필요가 있다. 온라인에서는 주로 정서와 정보교류 차원에서 다방면의 많은 사람들과 '느슨한 친구 맺기'를 하고, 오프라인에서는 특정한 분야의 한정된 사람들과 '끈끈한 친구 맺기'를 하는 것이 어떨까. 어느 쪽에 중심을 두든지 상호 보완하는 방법이 가장 이상적이다.

컴퓨터 시대의 가장 큰 수혜자 중 한 명인 세계 최대 인터넷 검색 업체 구글의 에릭 슈미트 회장 겸 CEO가 "컴퓨터를 *끄라*"고 대학생들에게 조언해 화제가 되었다. 슈미트는 미국 펜실베이니아 대학에서 열린 졸업식(2009.05.18)에 참석해 "컴퓨터를 꺼라. 여러분은 컴퓨터와 휴대전화를 *끄고* 주위에 있는 사람들을 발견해야 한다"라고 연설했다. 그는 6,000여 명의 졸업생을 향해 당분간 아날로그 생활을 하면서 무엇이 그들의 인생에서 가장 중요한 것인지 찾을 필요가 있다고 충고했다. 현대 젊은이들이 가상생활에만 너무 치중해 현실의 인간관계에 소홀함을 지적한 말이다.

가족이나 친구, 그리고 조직의 구성원 등과의 관계를 유지하기 위해서는 의사소통이 매우 중요하다는 사실을 항상 유의해야 한다. 특히 그들과 어떤 문제로 갈등이 일어났을 때 이를 회피하기보다는 적극적으로 해결하도록 노력해야 한다. 가장 기본적이고도 중요한 해결책은 바로 대화를 하는 것이다. 본인 스스로가 먼저 마음의 문을 활짝 열고 진솔하고도 적극적인 자세로 대화해야 한다. 물론 대화와 타협을 하며 양보도 했지만 끝내 합의점을 찾지 못해 그 관계가 단절되는 일도 없지 않다. 하지만 대화와 협의 과정에서 오해가 풀리고 서로의 입장과 상황을 이전보다 더 잘 이해하게 되어 관계가 좋게 복원되고 더욱 친숙해지는 경우가 더 많다.

관계를 중시하는 코끼리

인간관계를 말할 때 사람이 본받을 만한 동물로 떠오르는 것이 바로 코끼리다. 학술지 「응용 동물 행동 과학」의 2006년 7월호에 실린 코끼리 연구자가 촬영한 사진들이 외국 언론에서 큰 화제를 모았다. 케냐의 삼부루 동물보호구역에서 촬영된 것으로, 코끼리가 얼마나 깊고 뜨거운 연민의 감정을 가진 존재인지를 여실히 증명해준다.

엘레나라는 이름의 코끼리는 뱀에 물려 쓰러졌다. 곁에 있던 그레이스라는 코끼리는 당황한 모습이 역력했고, 쓰러진 엘레나를 일으키려고 애쓰는 모습을 보였다. 넘어진 친구나 가족을 일으켜 세우는 인간의 모습과 하나도 다를 것이 없었다. 그러나 엘레나는 일어나지 못했고 무거운 체중 때문에 내부 장기가 눌려 다음날 아침 죽고 말았다. 엘레나의 죽음 이후 더 놀라운 장면이 목격되었다. 동료 코끼리들이 마치 '문상'을 하는 듯 숙연한 모습을 보인 것이다. 그레이스는 엘레나의 몸 위에 발을 얹어 어루만지면서 죽음을 애도했으며 주위에 있던 다른 코끼리들이 모여 몸을 흔들거나 고요히 서 있었다.

이러한 사진들은 코끼리가 인간들처럼 종족의 죽음에 깊은 애도를 표하며 고통받는 동료를 돌본다는 사실을 극적으로 보여준다. 지능

118

이 높은 코끼리가 감성도 풍부해 자신의 가까운 혈족이 아닌 동료에게도 극진한 애정을 표한다는 것을 보여주는 것으로, 동물학자들의 큰 관심을 끌었다.

코끼리를 관찰해본 사람이라면 누구든 그들의 높은 지능과 기억력에 대해 놀랐을 것이다. 코끼리는 과거의 불쾌했던 경험, 누군가의 친절한 태도 등 어느 것 하나도 잊지 않고 기억한다고 한다.

두꺼운 피부를 가진 태고시대의 동물이 믿을 만한 파트너라는 것은 조련사들이 가장 잘 알고 있다. 그들은 코끼리가 앞발을 들어 올리면, 그 아래에 자신의 머리를 넣는 서커스를 한다. 조련사의 목숨은 코끼리 앞발에 달렸지만, 그들은 전혀 두려워하지 않는다. 코끼리 또한 조련사의 믿음을 잘 알고 있는 듯하다. 특별한 말이나 몸짓이 없어도 코끼리는 자신과 '관계'를 맺는 사람의 마음 상태를 느끼는 것 같다.[61]

독일 북부에 있는 하겐바크 동물원의 조련사 칼 코크는 은퇴하기 전까지 수백 마리나 되는 코끼리들의 발톱을 깎아주었고, 따뜻한 물로 발을 씻겨주었으며, 1년에 한 번씩 발굽도 깎아주었다. 또 코끼리들의 지루함을 달래기 위해 어린아이들을 등에 태우고 공원을 돌도록 했다. 이로써 사람과 코끼리 사이에 사랑과 관심, 믿음의 싹이 트기 시작했다.

코크는 코끼리와 함께한 긴 세월 동안, 코끼리 다리 사이에서 잠이 들기도 했고, 갓 태어나는 새끼 코끼리를 받기도 했으며, 죽어가는 코끼리의 코를 쓰다듬으며 눈물을 흘리기도 했다. 그는 코끼리가 '관계를 중요시하는 사회적 동물' 이라는 사실을 깨달았다. 또 그런 관계를 통해 서로 가르치고 배운다는 것도 알아냈다. 홀로 살아가는 암컷은 외로움 때문에 빨리 죽는 반면에, 여러 마리가 함께 살아갈 때는 서로 다정한 대화를 나누며 오래 살았다.[62]

코끼리들이 만남의 기쁨을 표시할 때면, 사바나 전체가 흔들린다. 아프리카에서 코끼리 연구를 하는 미국의 동물학자 캐서린 페인(Kathlene Payne) 박사는 말한다. "코끼리들이 서로 인사를 나누는 장면은 언제나 나를 감동하게 하지요. 백 미터 정도 떨어진 곳에서도 서로를 향해 달려가 고개를 높이 들고 코와 송곳니로 서로를 감싸고 누르면서 귀를 살랑살랑 흔들어 인사합니다. 그러면서 발을 동동 구르지요. 다시 만난 것을 무척이나 기뻐하는 듯 말입니다."

위의 코끼리와 사육사 간의 관계나 코끼리 무리 간의 반가운 인사는 우리 인간에게 마치 관계마케팅의 뿌리를 보여주고 있는 듯하다. 오늘날 기업(조직)에서 관계마케팅은 수익성 있는 고객과의 관계를 평생토록 유지·강화하는 데 초점을 둔 마케팅을 가리킨다. 이를 발전시킨 것이 고객관계관리(CRM : customer relationship management)이며, 전자적 시스템으로 진화한 것이 eCRM(electronic CRM)이다.

관계마케팅의 네 가지 키워드인 신뢰(trust), 유대(bonding), 감정이입(empathy), 호혜(reciprocity)는 사실 동물과 인간 중 어느 쪽이 더 관련이 깊은지 가늠하기 어려운 것 같다. 딱 잘라 말하기는 어렵지만 아마 이러한 요소들은 사람이든 동물이든 다 같이 지니고 있으며, 그 정도의 우열도 판별하기 어려울 것으로 보인다.

동물들이 천적관계에서 잡아먹히고 잡아먹는 것은 어쩔 수 없는 자연현상이지만, 영장류 동물은 될 수 있는 대로 가족이나 이웃과 싸우기보다는 사이좋게 지내기를 바란다. 또한 동·식물들도 인간과 마찬가지로 적절한 긴장 속에서 일하며, 따뜻한 사랑을 주고받으며 살 때 건강장수를 누린다고 한다.

위에서 말한 코끼리 이야기가 당신의 코끝을 찡하게 하지 않는가. 코끼리처럼 순수한 마음으로 고객을 사랑하고 고객과의 신뢰와 유대 관계를 지속하면 어느 분야에서든 바람직한 마케팅 성과도 또한 높게 나타나지 않을까? 이 네 가지 정신으로 소통한다면 개인 간의 우정도 틀림없이 두터워질 수 있을 것이다. 당신의 매력지수도 덩달아 높아질 게 분명하다. 적자생존의 경쟁보다 감정이입을 통한 공감과 상생의 철학이 새로운 시대의 리더에게 절실히 요구된다. 이것은 곧 사회적 지능을 계발할 필요가 있다는 이야기가 된다.

거울 뉴런과 리더십

축구경기에 열중해 있는 '붉은악마'의 뇌에서는 '거울 뉴런(mirror neuron)'이 활발히 작동한다. 이 세포는 태극전사의 움직임 하나하나를 마치 '거울'처럼 그대로 비춘다. 이 때문에 붉은악마는 마치 자신이 실제로 축구를 하는 것처럼 여기게 된다. 거울 뉴런(거울 신경세포)은 태극전사의 뇌에서도 작동한다. 상대 선수의 움직임을 자신의 동작처럼 여기면 다음 움직임을 예측해 적절히 방어할 수 있게 된다.

거울 뉴런의 존재가 처음 제안된 것은 1996년 이탈리아 파르마대 지아코모 리조라티 교수팀에 의해서이다. 이들은 원숭이 뇌에 전극을 이식하고 땅콩을 집어 입으로 가져갈 때의 반응을 관찰했는데, 그 결과 특이하게도 원숭이가 스스로 이 행동을 할 때와 사람이나 다른 원숭이가 이 행동을 볼 때 같은 부위의 신경세포들이 작동한다는 사실을 발견했다. 이를 통해 뇌는 '보는 것'을 '하는 것'과 똑같이 받아들인다는 거울 뉴런을 주장하게 된 것이다.

「미디어 심리학」 2006년 1월호에는 아이들이 TV에서 폭력적인 장면을 볼 때 거울 뉴런이 이를 받아들이기 때문에 공격적인 행동을 할 가능성이 커진다는 연구결과가 실렸다. 한국과학기술원 생명과학과 김대수 교수는 "타인의 경험이나 외부 자극을 자기 것으로 받아들인다는 점에서 거울 뉴런은 '자아 형성'에도 중요하다"라고 말했다.[63] 세계 최고 경영 저널인 「하버드 비즈니스 리뷰(HBR)」는 뇌과학의 연구성과가 리더십 역량 강화에 크게 도움을 준다는 논문을 2008년 9월호에 실었다. 또 한국과학기술원 정재승 교수도 「동아 비즈니스 리뷰(DBR)」 기고를 통해 뇌 연구 성과가 기업의 마케팅 역량 강화에 이바지했다고 강조했다.

122

「동아 비즈니스 리뷰」 16, 17호에 소개된 뇌 연구성과와 경영자들에게 주는 메시지를 간추려 보면 이는 비단 경영자뿐만 아니라 다른 분야의 리더들에게도 참조할 만하다. 잡지에 소개된 글에 의하면 현역 시절 최고의 성과를 낸 스포츠 스타가 감독이 된 후 망가지는 경우가 많다고 한다. 또한 기업에서도 실무에서 탁월한 역량을 보인 직원이 간부로 승진한 후 조직 전체에 큰 피해를 주기도 한다. 통상 리더십 부재 때문에 이런 문제가 발생한다. 이를 통해 인간은 타인의 생각이나 행동을 개념적 추리를 통해서가 아니라 직접적인 시뮬레이션을 통해 마치 자신의 것인 양 이해한다는 사실이 드러난 것이다.

거울 뉴런의 별명이 바로 '공감 뉴런(empathy neuron)' 이다. "서양 근대사상을 지배해온 홉스의 성악설(性惡說)이 끝나고 공감 뉴런에 바탕을 둔 성선설(性善說)의 시대가 열렸다"라고 제러미 리프킨은 최근 그의 저서 『공감의 시대』에서 주장한다.[64]

리더십에 문제가 생기는 것도 거울 뉴런과 관련이 있다. 아무리 뛰어난 리더라도 얼굴을 잔뜩 찌푸리거나 화를 내면 다른 직원들의 거울 뉴런이 작동해 조직 전체의 사기를 꺾어버리기 때문이다.

「하버드 비즈니스 리뷰」 2008년 9월호에 '사회적 지능과 리더십'에 관한 논문을 실은 대니얼 골먼 교수(미국 러트거스대)는 "부하직원에게 부정적 평가를 전달하면서 웃는 표정을 지은 경우와 긍정적 평가를 하면서 찡그린 경우를 비교해 실험한 결과 놀랍게도 전자보다 후자가 더 부정적 평가를 했다고 생각한 사람이 많았다”고 전했다. 그는 또 “거울 뉴런에는 다른 사람의 미소와 웃음을 감지하고 스스로 이런 반응을 유도하는 하위 뉴런들이 있는데 상사가 무뚝뚝한 경우 조직원들의 뇌에 있는 이런 뉴런들은 거의 자극을 받지 못했고, 반면 상사가 잘 웃고 편안한 분위기를 조성하면 이런 뉴런이 활성화하면서 조직 분위기가 좋아지고 결속력이 높아졌다”고 설명했다.

그러나 골먼 교수는 무뚝뚝한 사람이 억지로 웃는다고 문제가 해결되는 것은 아니라고 지적했다. 인성과 행동이 조화를 이룰 때 수많은 신경세포가 반응하게 되는데 억지로 편안한 분위기를 조성하면 다른 세포가 제대로 작동하지 않아 부작용이 나타난다는 것이다. 그는 “사교성이 떨어지는 리더가 문제를 해결하는 유일한 방법은 부단한 노력을 통해 스스로 행동을 변화시키는 것”이라며 미국 한 기업의 임원인 재니스의 사례를 제시했다.

재니스는 마케팅 분야에서 탁월한 성과를 내 중역으로 영입됐다. 하지만 곧 다른 직원들과 마찰을 일으켰고 이에 따라 재니스의 상사는 그에 대해 360도 다면평가를 실시했다. 재니스는 서비스 정신, 갈등 관리, 공감 등의 측면에서 낮은 점수를 받았다. 결과를 통보받고 재니스는 충격을 받았다. 그래서 그는 조직원과의 접촉 시 불편을 끼치지 않도록 태도 하나하나를 고치기로 마음먹었다. 재니스의 상사도 하루 중 갈등을 일으켰거나 좋은 인간관계를 맺은 사례를 매일 되돌아보라고 지시하며 훌륭한 리더십을 가진 상사와 일할 기회도 제공해주었다. 재니스는 동료와 부하 직원들의 불만을 감지하기 위해 지속적으로 노력했고 결국 단점을 극복할 수 있었다. 물론 그의 부서도 탁월한 실적을 냈다.[65]

현재 어느 조직의 리더이거나 장차 리더가 될 당신은 다음 표에 정리해 놓은 '리더가 필요한 사회적 지능 구성요소'를 참조하여 관련된 역량을 계속 키워나갈 수 있을 것이다.

리더에게 필요한 사회적 지능 구성 요소	
감정이입	다른 사람이 원하는 것에 민감하게 반응하는지 여부
조화	타인의 기분을 잘 맞춰주는 역량
조직에 대한 이해	조직의 문화, 가치, 암묵적 규범 등 이해 수준
영향력	토론 등을 통해 설득하는 능력
인재개발	타인에게 진심으로 조언하고 시간 투자하는지 여부
동기부여	비전 제시, 자부심 고취, 긍정적 분위기 조성 능력
팀워크	팀원 참여 및 협력 도모하는 역량

자료 : 하버드 비즈니스 리뷰(HBR)

예를 들어 감정이입과 조화의 마음을 갖추고 조직의 이해와 조직원 간의 팀워크를 잘 이루기 위해 다른 사람들을 설득하는 능력의 계발이 바람직하다. 여기서 우리가 특히 유의할 점이 있다. 공감능력은 조직의 구성원 간에 서로 신뢰할 때 비로소 빛이 나며, 신뢰 분위기가 조직의 창의성을 촉진한다는 사실이다. 창의성이란 스티브 잡스의 말대로 서로 다른 것을 연결하는 것이기 때문이다.

현재 대인관계에서 소극적인 사람도 자신의 거울 뉴런에 적극적인 인상을 자꾸만 부각시키고 실제로 활발하게 사회 활동을 계속하면 차츰 사회지능이 높아지고 사회적 관계가 개선될 수 있음을 거울 뉴런은 암시해준다.

인맥관리

보통 사회에서 말하는 인맥(人脈)은 비즈니스 인맥을 일컫는다. 그러나 사전적 의미의 인맥은 '학문, 출신, 경향, 친소(親疎) 등의 한 갈래로 얽힌 인간관계'를 말한다. 인맥은 인간관계이며, 인맥관리는 태어나서 죽을 때까지 맺는 여러 인간관계가 올바로 형성·유지되도록 관리하는 것이다. 따라서 인맥관리는 성공을 위한 것이라기보다 행복을 위한 것이며, 좋은 인맥, 좋은 인간관계는 이미 큰 성공이자 행복이다.

하버드 교육대학원의 하워드 가드너(Howard Gardner) 교수는 "인간에게는 여덟 가지의 지능이 있다(다중지능이론)"고 주장하였는데, 그 가운데 하나가 대인관계 지능이다. 대인관계 지능이란 다른 사람의 감정과 표정, 몸짓, 음성, 행동을 이해하고 교류하는 능력을 가리키며, 이러한 대인관계 지능이 높을수록 바람직한 인간관계를 형성할 수 있다고 한다. 필자가 만나본 수많은 CEO도 거의 이구동성으로 그렇게 말하며 실천한다. 사업 성공을 위해서는 인간관계가 지능보다 더 중요하다는 이야기다.

황희 정승이 젊었을 때 송경(宋京)에 가다가, 날씨가 너무 무더워 나무그늘에서 쉬어가게 되었다. 마침 근처에 한 노인이 소 두 마리를 끌고 밭을 갈고 있었는데 한 마리는 누렁소이고, 한 마리는 검정소였다.

황희 정승이 노인에게 "어느 소가 일을 더 잘합니까?" 하고 물었다. 그러자 노인이 다가와 귓속말로 "누렁소가 일을 더 잘한다오"라고 속삭였다. 의아한 황희 정승이 왜 귓속말로 얘기하느냐고 묻자 노인이 대답했다.

"비록 소가 말은 못하지만 사람 말의 좋고 나쁜 것은 모두 알아듣는다오. 아무리 짐승이지만 자기 흉을 보면 좋아하겠소?"

이 말을 들은 황희 정승은 크게 깨달음을 얻고, 이때부터 남의 잘못을 함부로 입에 올리지 않는 것을 교훈으로 삼아 높은 덕을 쌓았다고 한다.

관리 가능한 인맥의 크기를 고려하라(던바의 법칙)

영국의 문화인류학자 로빈 던바(Robin Dunbar, 옥스퍼드대 교수)는 1990년대 초 침팬지, 원숭이 등 영장류 30여 종의 사교성을 연구하다가 대뇌의 '신피질(新皮質)'이 클수록 교류하는 '친구'가 많다는 사실을 알아냈다. 신피질은 대뇌 반구(半球)의 표면을 덮고 있는 층으로 학습, 감정, 의지, 지각 등 고등한 정신작용을 관리하는 영역이다. 인간은 신피질 크기를 고려할 때 친분 관계를 유지할 수 있는 사람 수는 약 150명이라는 결론을 얻었다.[66]

던바 교수는 호주 뉴기니 그린란드 등의 오지에 남아 있는 원시부족 형태 마을의 구성원이 평균 150명 안팎이란 사실을 확인, 자신의 추론을 뒷받침했다. 또 효과적으로 전투를 수행하기 위한 부대의 인원 역시 200명 이하란 점도 밝혀냈다. 한마디로 말해, 아무리 발이 넓고 사교적인 사람이라도 온전한 친분관계를 유지할 수 있는 한계는 150명이란 것이다. 이것이 이른바 '던바의 법칙'이다.

이번엔 던바 교수가 이 법칙을 소셜 네트워크를 통한 온라인상의 '친구 맺기'에 적용해봤다. 페이스북 등의 사이트에서 관리하는 인맥이 수천 명에 이르는 '사교적인 사람'과 몇백 명 정도인 '보통 사람'을 비교했다. 친구의 기준은 1년에 한 번 이상 연락하거나 안부를 묻는 것으로 삼았다. 결론은 '두 부류 간 진정한 친구의 수는 별 차이가 없었다는 것'이다. 친구가 1,500명쯤 된다는 사람들이나 수만 명에 달한다는 유명 인사들도 실제로는 150여 명과만 긴밀한 관계를 유지하고 있었다는 얘기다.

이에 앞서 한국과학기술원 연구진이 국내 온라인 커뮤니티 '싸이월드'의 미니홈피 40만 개의 방문자를 분석한 결과에서도 친한 친구 수는 그 범위에서 크게 벗어나지 않았다. 온라인 소셜 네트워크 서비스가 등장하면서 인간관계 구축능력이 한없이 확장될 수 있지 않겠냐는 예상을 뒤집는 결과다. 다만 여자들은 온라인상에서 대화를 나누는 것만으로도 어느 정도 친분을 유지했지만, 남자들은 운동처럼 직접 만나 어울려야 친구관계가 이어졌다고 한다.

인터넷이 모든 분야로 확산되면서 우리 삶의 범위도 끝없이 커질 것으로 생각하기 쉽다. 또한 머지않아 현실과 별도로 화려한 사이버 세상이 열릴 걸로 기대하기도 한다. 하지만 외연(外延)이 아무리 확대된다 해도 살아가는 이치는 변하지 않는다. 인간관계만 해도 마음이 통하는 '진짜 친구'가 늘어나지 않는다면 무슨 의미가 있을까.

사람을 내 편으로 만드는 방법

"근자열 원자래(近者說, 遠者來, 가족, 친구, 동료 같은 가까운 사람들을 기쁘게 하라. 그러면 먼 곳에 있는 사람도 찾아올 것이다)"라는 공자의 말씀이 들리는 것 같다. 2,500여 년 전 춘추전국 시대의 '섭공' 제후국에 백성이 날마다 타국으로 도망을 가자 '섭공' 제후가 공자를 찾아와서, 백성이 다른 나라로 도망을 못 가게 하는 방법을 물어봤다. 도망가지 못하도록 만리장성을 쌓으려고 한다면서 말이다. 그러자 공자는 해결책으로 만리장성이 아니라, '근자열 원자래'의 원리를 실천하라는 말을 했다고 한다(논어). 다른 사람을 내 편으로 만들기 위해 우리가 해야 할 일을 살펴보자.

❶ 남에게 대접받고자 하는 대로 남을 대접하라. 가까운 사람들을 기쁘게 하는 비결은 "대접받고 싶은 대로 남을 대접하라"는 것이다. 남을 먼저 배려할 때 마음도 행복해진다.

자공(子貢)이 공자에게 물었다.

"사람이 평생 실천할 만한 한마디 좌우명이 있습니까?"

"그것은 사람들과 마음을 함께하는 것이다. 자기 자신에게 행해지기를 원치 않는 일을 타인에게 행하지 마라."

이는 논어에 나오는 이야기다. 모든 유력 종교에서 이와 같은 '인간관계의 황금률'을 다루고 있다(☞2장 '나눔' 부분 참조). 그리스도교에는 "그러므로 무엇이든지 남에게 대접을 받고자 하는 대로 너희도 남을 대접하라. 이것이 율법이요 선지자니라"(마태복음 7장 12절)라는 구절이 있고, 불교에는 "내게 해로운 것으로 남에게 상처 주지 말라"(우다나품)는 내용이, 힌두교에서는 "이것이 의무의 전부이니, 내게 고통스러운 것을 남에게 강요하지 말라"(마하바라타)고 강조하고 있다.

❷ 함께 어울려 놀아라. 사람을 내 편으로 만들려면 그 사람을 알고, 더욱 친해지려고 노력해야 한다. 친해지려면 일을 함께하거나 함께 어울려 노는 일이 중요하다. 같이 운동하거나 놀다 보면 이해관계가 걸린 사업상의 협력 분위기도 좋아지게 마련이다. 그래서 많은 CEO가 골프를 즐기는 것이다. 놀이는 곰과 개 사이도 친구로 만든다는 말이 있지 않은가.

❸ 상대를 인정하고 칭찬하라. 상대가 나에게 긍정적인 감정을 갖

게 하는 것이 곧 사람을 내 편으로 만드는 방법이다. 그러려면 스스로 먼저 상대방을 믿고 조건 없이 돕는 자세가 필요하며 격려와 칭찬을 제때에 아낌없이, 또한 넉넉하게 해야 한다. 반려동물도 쓰다듬고 예쁘다고 하면 좋아하면서 주인을 잘 따른다. 고슴도치조차 제 새끼를 귀엽다고 하면 좋아한다. 애완동물을 반려동물로 만들려면 마치 생애의 반려자에 버금가는 사랑과 배려가 필요하다. 평생 배필 말고도 우리는 평생 동지라는 이름의 반려자(파트너)들이 적어도 몇 명은 필요하다. 그들이 있어 인생이 외롭지 않고 괴로움을 덜며 사업에 힘이 될 수도 있으니까 말이다.

❹ 주기적으로 전화를 걸어라. 미국 노트르담 대학의 통계물리학자인 히달고(Hidalgo) 교수는 최소 15일에 한 번 이상 전화 통화를 하는 사람을 대상으로 1년 동안 휴대전화 통화 내용을 추적했다. 전화를 받은 사람이 다시 걸어주는 비율이 80%가 넘으면 양측의 관계가 1년 동안 20%가 넘게 유지된다. 이에 반해 전화를 받고도 답을 한 비율이 15% 미만이면 관계가 유지될 확률이 5%에 불과했다. 결국 우정을 지속시키는 최적의 요인은 양측 모두의 노력이라는 사실이 통계물리학적으로 확인된 셈이다.[67) "현대인들이 시간이 없어서 연락을 자주 하지 못한다고 하지만, 인간관계의 폭이 넓은 사람은 전화를 받으면 반드시 뒤에 답신하기 위해 노력하고 있었다"는 사실이 밝혀진 것이다. 연인 사이만큼 자주 그리고 오랜 시간 통화를 할 필요는 없지만, 안부 전화라도 자주 해야 우정의 맥이 끊어지지 않

는다는 사실은 우리가 유의할 만하다.

⑤ 사이버 공간을 이용하라. 지금은 사이버시대이며 사이버 공간을 이용하는 수단은 얼마든지 많다. 이메일이나 블로그, 미니홈피는 친구나 직장 동료와 잡담을 나누는 데만 사용하는 게 아니라 비밀스러운 대화를 나누거나 정보를 공유하며 인맥을 쌓아가는 주요 수단이다. 요즈음 한창 뜨고 있는 트위터를 비롯한 각종 SNS(소셜 네트워킹 서비스 : 인맥구축관리 서비스) 수단의 이용은 중요한 인맥관리 비결 중 하나이며, 시간과 비용을 아끼면서 인맥지도를 넓힐 수 있는 지름길이다. 또한 자신의 업무와 관련된 동호회나 커뮤니티에 가입하는 것도 좋은 방법이다.

멀티 채팅 서비스의 하나로 우리나라에 도입된 지 4년 만에 스마트폰의 확산과 함께 가입자가 급증하고 있는 트위터(twitter, 새들의 지저귐을 뜻함)는 '140자 인연'으로 특히 직장인들의 인맥 네트워크를 바꿔놓고 있다. 언제 어디서나 실시간으로 트위터 계정 간에 소통이 가능하게 된 것이다. 학연, 혈연, 지연을 뛰어넘는 인맥이 확대되는 것은 물론 폭넓은 정보가 오가며, 연예인 등 대중 스타가 트위터에서도 인기를 끌고 있으며 기업인과 정치인 등도 동참하는 추세다. 트위터를 통해 사생활의 시시콜콜한 이야기까지 오가며, 예전에는 상상도 할 수 없었던 전혀 다른 업종과 직급의 종사자들 간에 끈끈한 관계가 형성되고 있는 것이다.

트위터는 또한 기업의 커뮤니케이션 매체로서 떠오르고 있다. 우선 사내 구성원 간의 커뮤니케이션 도구로 사용한다. 그리고 팔로어(follower : 트위터에 등록한 사람)라는 잠재고객(혹은 기존고객)을 대상으로 트위터를 이용한 마케팅 커뮤니케이션이 점차 활기를 띠고 있다. 그래서 상당수의 기업은 소셜 네트워크 서비스를 전담하는 '소셜 미디어팀' 까지 만들어 활용하고 있다. 그들은 고객의 욕구를 발견하는 일보다 고객의 불만을 먼저 발견해 부정적인 '뜬소문' 이 나지 않게 해결하는 것이 우선 과제이다.

온라인 소셜 커머스(social commerce : social shopping)도 등장했다. 소셜 커머스란 온라인에 장(場)을 만들어 수십, 수백 명의 소비자들이 상품을 공동으로 싸게 사고, 판매자들은 SNS를 통해 빠르게 퍼지는 구전효과로 홍보하는 마케팅 방식이다. 여기서 고객들은 '할인' 을, 판매자는 '고객' 과 '박리다매' 의 이익을 얻는다. CEO들도 고객이나 내부직원들과 '소통경영' 의 한 도구로 사용하여 효과를 보고 있다. 즉, 진솔하고도 친밀감을 느껴 그 기업과 최고경영자에 대한 신뢰감이 높아질 수 있어 좋다.

그러나 CEO의 트위터 소통은 긍정적인 면만 있는 건 아니다. 내부 구성원들도 모르는 내용을 외부인들이 먼저 알게 되는 혼란스러운 일이 생긴다. 그리고 팔로어들과는 더욱 친숙해질 수 있겠지만, 상대적으로 트위터 소통이 되지 않는 더 많은 고객에게는 오히려 소외감이 생길 우려가 있다. 또한 입장과 견해가 다른 사람들로부터 걸려온 안티 논쟁에 휘둘려 곤혹스러울 때도 있다.

　한편 트위터는 현재 보안이 불안전하여 사적 정보가 해킹당할 수 있고 사생활이 있는 그대로 노출되어 범죄에 악용되거나 악플로 되돌아올 수 있으며, 성(性)을 유혹하는 메시지 따위가 차단되지 않는 게 문제다. 그리고 특정한 사람의 이름이나 신념을 일방적으로 선전할 수가 있는데 만약 이것이 싫으면 그 트위터에서 스스로 탈퇴하면 된다. 실제로 이러한 특성 때문에 최근 우리나라에서는 트위터 붐이 다소 주춤해지고 있다는 사실이 관련 통계에 나타나고 있다.

의사소통의
소리굽쇠가 되어라

 **공명현상과 웃음의 전염**

"아이가 아플 때 어머니도 같이 아픔을 느낀다"라고 신희섭 한국과학기술연구원 신경과학센터장은 말한다. 이는 신기한 공명현상이며, 이러한 자연의 공명(共鳴)원리는 우리에게 사랑의 하모니를 던져주는 것 같다.

놀이터에서 엄마는 아이가 탄 그네를 밀어준다. 이때 그네의 흔들림에 맞춰 밀어줘야만 미는 에너지가 효과적으로 적용되어 큰 진폭으로 그네를 움직일 수 있다. 이것이 잘 맞아서 아이가 신나게 그네를 타는 모습이 바로 공명(共鳴)이다.

태풍에도 견딜 정도로 튼튼한 다리가 산들바람에 무너질 수 있을까? 결론부터 말하면 그렇다. 실제로 1940년 11월 7일 미국 워싱턴 주 타코마 해협에 놓인 다리가 어이없이 약한 바람에 무너진 적이 있다. 미국 현대 건축 기술의 자존심을 건 건축물이었던 만큼 타코마교는 시속 190km의 초강풍에도 견딜 수 있도록 설계됐다. 그런데 완공 석 달 만에 불과 시속 70km의 바람에 맥없이 무너져 내렸다. 양쪽 교각에 연결한 케이블에 다리가 매달려 있는 형태인 이 다리는 바람이 불 때마다 약간의 흔들림이 생겼다. 공교롭게도 이 진동이 다리 자체의 고유한 진동과 일치하면서 움직임이 점점 커져 결국 붕괴로 이어졌던 것이다.[68]

우리가 일상생활에서 감지하고 있는 것도 공명의 원리에 따른다. 어떤 사람이 사무실 안으로 들어오는 것만으로도 그 공간의 분위기가 확연히 달라지는 경우가 있다. 이것은 그 사람의 파동에 의해 방 안의 사람들에게 공명감이나 비공명감을 느끼게 하기 때문이다. 멀리 떨어져 있는 사람끼리 의사를 소통하는 텔레파시(telepathy)도 파동의 공명현상이다. 서로가 생각하는 마음이 공명하여 에너지가 전달되는 것이다.

현재 우리가 쓰고 있는 휴대전화도 공명의 원리를 이용한 것이다. 특정 주파수(번호)를 눌러 그것과 같은 주파수를 가진 수신기에만 그 전파 신호가 공명원리에 의해서 잡히게 된다. 의료 분야에서는

MRI(Magnetic Resonance Image : 자기공명 장치)가 바로 이 공명원리를 응용한 예이다. 원자나 분자는 대단히 정밀한 특성이 있는 에너지에 의해서만 활발해지는 특별한 공명 주파수를 가지고 있는 점을 이용한 것이다.[69]

요즈음 우리나라의 다문화 가정에서 그 부부를 비롯한 친·인척 간에 문화충돌이 적지 않게 일어나고 있는 게 사실이다. 하지만 처음 만난 이문화 사돈 간에 서로 말이 전혀 통하지 않는 데도 불구하고 의사소통이 어느 정도 되는 건 역시 이심전심(以心傳心)의 공명(맞울림)현상으로 설명할 수 있지 않을까?

행복해지는 길로 가는 지름길은 자신보다는 눈앞에 있는 사람을 행복하게 해주는 것이다. 이 또한 공명이다.[70] 눈앞에 있는 상대의 말에 진심으로 맞장구를 쳐보라. 당장 그의 어깨가 으쓱해지는 공명의 모습이 보일 것이다. 눈앞에 없어도 그리운 사람에게 두 손 모아 사랑의 마음을 보내보라. 이심전심으로 사랑의 메아리가 두 사람의 뇌리에서 공명할 것이다.

웃음의 의미와 효과

인간과 가장 가까운 침팬지도 인간처럼 웃거나 미소를 짓지는 못한다. 물론 침팬지는 표정을 관장하는 근육이 발달해 다른 포유류보다 훨씬 다양한 감정 표현 능력을 가지고 있다. 눈살을 찌푸려 불쾌한 감정을 나타내거나 눈을 말똥말똥 떠서 호기심을 드러내기도 하고, 무서운 표정으로 이빨을 드러내며 분노를 표현할 수도 있다. 그렇지만 침팬지는 결코 인간처럼 웃거나 미소를 짓지는 못한다.[71]

인간은 성장 기간이 가장 긴 동물이다. 다른 동물에 비해 열세인 체력을 보완하기 위해서 우수한 두뇌를 발달시킬 필요가 있었으며 그만큼 장기간의 성장기간이 요구된다. 부모의 보호를 지속적으로 받기 위해서는 성장 기간이 짧은 동물들에 비해 부모와의 유대관계를 확고히 할 필요가 있으며, 이를 위해 진화된 기능 중의 하나가 바로 웃음이다.

웃음은 아기에게 주어진 최선의 방어 수단이요, 매력 포인트다. 구김살 없는 아기 웃음에 홀딱 반하여 당장 껴안아주고 싶은 충동이 일어나지 않는 부모는 없을 것이다. 웃음과 미소는 상대에게 적대의사가 없으며 호의를 갖고 있음을 알리는 가장 간단하면서도 강력한 비구어적 신호이다.

인간처럼 사회성이 강한 동물은 개별 행동 하나하나조차도 사회성에 기반을 둔다. 직업에 대한 개인들의 열정이 뭉치면 마치 전염병처럼 걷잡을 수 없이 번져가는 것이다. 하나가 전체가 되고 전체가 하나가 되는 경지랄까. 이럴 경우 보통 의식이 관여하지만 무의식중에 이런 일은 더 자주 발생한다. 하품이나 졸음 따위는 누가 한번 시작하면 마치 전염병처럼 번져 여러 사람이 동시에 똑같은 행동을 하게 된다.

하품, 웃음, 울음, 폭력 등은 사회성을 가진 동물들이 지닌 감정의 보이지 않는 바이러스들이다. 이것은 이들의 유대를 더욱 공고히 하는 사회적인 수단이며, 소위 '문화(文化)현상' 이라는 것이다. 이걸 굳이 사람과 동물로 나누어 생각할 필요도 없다. 사회성을 가진 동물들은 '부모 따라 하기' 와 '동료 따라 하기' 가 삶의 기본 바탕이기 때문이다. 만일 누군가가 새로운 행동을 계발하고 그 행동이 꽤 매력적이고 득이 된다면, 더 나아가 그 사람이 카리스마가 넘친다면, 그 행동은 점점 더 집단 속으로 번져나갈 것이다. 그리고 또한 대를 이어 전파될지도 모른다.

심리학의 아버지라고 불리는 윌리엄 제임스는 이렇게 주장했다. "사람은 행복하기 때문에 웃는 것이 아니라, 웃기 때문에 행복하다." 영문도 모르고 울다 보면 왠지 슬퍼지고 슬퍼지면 더 심하게 우는 것처럼 신체의 말초적 반응이 감정을 유도한다는 그의 이론을 '정서의 말초설(peripheral theory of emotion)' 이라고 한다(19세기 미국 윌리엄 제임스와 독일의 카알 랑케가 동시에 이 이론을 발표하여 이를 '제임스-랑케 효과' 라고도 함). 감정적 변화가 신체적 변화를 일으킨다고 하기보다 신체적 변화가 감정적 변화를 일으킨다고 보는 관점이다.

C. 슈와프는 "거울 앞에서 얼굴을 찡그리는 사람은 없다. 거울 앞에 있을 때처럼 이맛살의 주름을 펴라! 그것이 명랑해지는 비결이며 늙지 않는 미덕이다"라고 말한다.[72] 나이팅게일은 "여성에게 있어서 최고의 화장술은 웃는 것이다"라고 했고, 중국인들은 "웃는 얼굴이 아니면 가게 문을 열지 말라"고 하였다.[73] 허준의 『동의보감』에도

'웃음이 최고의 보약'이라고 써 있다.

사람이 언제나 웃고 살아야 하는 까닭은 다음과 같다.

❶ 웃음은 뛰어난 의사소통 도구이다. 누구에게나 통하는 호감과 긍정(자신감, 희망, 용기 등)의 에너지이다. 특히 다른 사람과의 첫 만남에서는 '첫인상'이 매우 중요하다. 첫인상은 쉽게 바뀌지 않기 때문이다. 그러므로 첫 만남부터 진심으로 반갑다는 미소를 지으며 사람을 만나는 것이 그 사람으로부터 호감을 얻는 하나의 비결이다.

❷ 웃음은 심리적인 긴장뿐만 아니라 신체적 긴장도 이완시킨다. 배꼽을 잡고 웃다 보면 온몸의 긴장이 풀린다.

❸ 웃음은 갈등상황을 해결해주기도 한다. 어색함을 씩 웃어넘길 수도 있다.

❹ 잘 웃는 사람은 병도 덜 걸린다. 걸려도 통증이 덜 하거나 회복에 도움이 될 수 있다.

❺ 많이 웃는 것은 행복으로 가는 지름길이다.

의학자들은 맘껏 웃고 나면 호흡량이 늘어나고 혈액순환이 잘 되면서 적대적 분노 등의 감정이 수그러들고 면역력이 높아진다고 말한다. 사람이 스트레스를 받으면 인체의 면역세포 중 NK세포(nk cell : 자연 살상 세포-스스로 암세포만 공격하여 죽이는 세포임)가 줄어들고 웃으면 이 세포가 30~50%가량 활성화된다고 한다. 이는 엔도르핀과 세로토닌이 나오기 때문이다. 엔도르핀은 감격스러운 환희를 느끼게 하며 세로토닌은 스트레스, 불안, 분노 같은 감정을 조절하는 호르몬이다. 말기 암 환자도 웃음으로 완치된 사례가 적지 않다.[74] 그러나 중환자나 우울증 환자는 약물치료를 받아야지 웃음치료는 오히려 병세를 악화시킨다고 전문가들은 말한다.

한편 썰렁한 농담을 하는 사람은 엄청나게 적대적인 반응을 감수하게 되는 것으로 드러났다. 미국 워싱턴주립대학의 언어학자인 낸시 벨 박사의 최근 연구결과에 따르면 서툰 농담을 한 사람은 듣는 사람으로부터 왕따를 당하거나 따가운 눈초리, 심하면 주먹질까지 당하는 등 공격적인 반응을 받게 된다.[75]

그러면 우는 건 어떤가? "울어야 할 때는 울어라"가 답이다. 이병욱 의학박사는 울 때는 소리 내서 울어야 한다고 한다. 웃는 것과 우는 것은 다 같이 마음의 정화를 가져다준다. 따라서 적극적으로 하루에 두 번은 소리 내서 울고 자신과 상황이 같은 사람과 함께 울면 건강에 좋다고 말한다. 마치 억지로라도 웃는 것이 웃음 효과를 내듯이, 울어서 씻어야 할 것은 씻어버리는 것이 건강에 도움이 된다는 것이다. 그러니까 울음이 웃음의 상반된 개념이 아니라 정화 기능을 가진다는 점에서 같은 효과를 나타낸다(앞의 '제임스-랑케 효과' 참조). 자극에 의한 눈물이 아니고 감정의 눈물은 눈물 속에 들어 있는 인체에 해로운 카테콜아민을 몸 밖으로 배출해서 스트레스를 해소하고 면역기능을 강화해주며 상처받은 마음을 치료해준다고 한다.[76]

모태에서 떨어진 순간, 인간은 누구나 울지 않으면 안 된다. 나 홀로 첫 날숨을 쉬어야 하며, 그때부터 사는 동안 호흡은 쉬지 않고 계속된다. 그렇게 살다가 인생에 달관한 사람은 평온한 마음으로 웃으며 죽을 수 있다. 이렇게 웃으며 죽는 사람은 사는 동안 웃고 산 관성의 법칙이 마지막으로 나타나고 있는 것으로 보인다. 울어야 할 때는 실컷 울고 나머지 시간은 될 수 있는 대로 웃고 살아야 한다.

필자의 경험으로 봐도 세상 사는 데 대체로 웃으면 복이 온다. 웃음이 있는 곳에 사람도 모이고 돈과 건강도 찾아온다. 하지만 품위를 잃거나 상황과 타이밍에 맞지 않는 유머는 이미 유머가 아닌 말장난에 지나지 않는다. 말과 유머는 의사소통이나 친밀한 분위기 조성이 필요할 때 적절하게 표현해야 한다. 말이 너무 많으면 실언이 나오기 쉽고 유머가 너무 많아도 남에게 경망스러운 인상을 주어 신뢰 수준이 떨어질지도 모른다.

얼굴표정(미소 등)의 인류 보편성

100여 년 전에 영국의 박물학자 찰스 다윈은 우리가 감정을 표현하는 방식과 관련해 아주 흥미로운 이야기를 했다. 다윈은 세계 일주를 하면서 서로 다른 문화권의 사람들이 자신들의 감정을 같은 표정으로 전달한다는 사실을 발견했다(『동물과 인간의 감정 표현』에 발표). 각각의 언어와 풍습이 엄청나게 다양한데도 말이다. 예를 들어 미소는 세계 어디를 가더라도 같은 의미를 갖는다. 다윈은 표정은 언어처럼 학습되는 게 아니라고 설명했다. 오히려 우리의 뇌가 '원래 갖

142

추고 있는’ 것으로, 진화의 과정에서 물려받은 인류 공통의 유산이라는 것이다.

이러한 통찰은 최근에 와서야 정밀한 과학적 조사의 대상이 되었다. 캘리포니아 대학교의 폴 에크먼 교수는 우리의 표정이 여섯 가지 기본 감정, 즉 불안, 놀람, 분노, 기쁨, 혐오, 슬픔 중에 하나를 표현하는 것으로 분류했고, 여섯 가지 기본 감정에 따르는 표정이 그가 조사한 21개 이상의 모든 사회에서 ‘같다’는 사실을 밝혀냈다.

우리는 표정이라는 공통의 화폐를 가지고 다른 사람에게 감정을 표현하고 다른 사람의 감정 역시 바로 읽어낼 수 있다. 그러나 때로는 다른 사람의 표정을 읽지 못하기도 하고 나의 감정을 충분히 상대방에게 전달하지 못하기도 한다.[77]

지구촌을 누비며 살아가야 할 당신은 혹시 말문이 막힐 것을 두려워하여 바다를 건너가는 것을 망설이는가? 다윈과 에크먼의 말을 믿고 일단 떠나 보라. 사람을 만나 씩 웃기만 해도 ‘나는 좋은 사람’이라고 의사소통이 될 것이다. 그러나 파푸아 뉴기니아에 가거든 조심하라. 거기에 아직도 산다는 식인종의 눈에는 당신의 웃음이 “좋다!”는 긍정의 사인으로 오해받기 쉬울 테니까.

"웃으면 웃은 만큼 젊어지고 화내면 화낸 만큼 늙는다"는 격언이 있다. 자주 많이 웃어야 좋다는데 그렇다면 어떻게 해야 잘 웃을까? 인간의 인지와 행동에서 최소가지 차이(JND : just noticeable differences)라는 말이 생각난다. 가령 눈을 감고 역기를 하는데 처음에 0.5kg부터 시작해서 1kg씩 올릴 때 4kg까지는 더 무거워졌는지 식별하지 못하다가 마침내 5kg을 올리니까 더 무거워졌음을 식별하기 시작했다면, 바로 이 5kg이 JND로서 이 경우 그 값은 10%(5/50)이다. 이는 마케팅에서 상품의 가격을 올리고 내릴 때, 혹은 어느 제품의 당도를 올리고 내리려고 할 때 소비자의 반응을 측정하는 수단으로 사용되기도 한다.

웃기는 말이나 코미디 연기가 어느 정도까지 가야 시청자의 입가에 웃음이 배어 나오게(혹은 터져 나오게) 될까? 그것은 소재, 분위기, 타이밍, 시청자의 교육수준과 성격 등에 따라 그 의식의 높이, 즉 식역수준(threshold level of consciousness, 외부 자극에 따라 기억 등 반응이 나타나기 시작하는 수준)이 달라질 수 있다. 그래서 여러 사람을 동시에 웃기는 게 쉽지 않다. 사실 그들은 수직적(논리적, 분석적) 사고에 안주하고 있는 시청자들에게 고정관념을 깨뜨리는 수평적 사고(감성적, 종합적)로 접근하여 사람들의 잠재된 웃음보를 터뜨리게 한다. 다시 말해 그들은 좌뇌는 바보인 척하면서 우뇌를 마냥 굴리는데, 주로 이때 파격적인 웃음과 아이디어가 창출된다.

144

좌·우뇌를 회전시키는 데 도움이 되는 소재는 이미 인간이 만든 어떤 작품이나 현상에서 찾을 수 있지만, 인간의 관점이 아닌 동·식물과 자연의 입장에서 관찰할 때 아이디어가 번뜩 떠오를 때도 많다.

재미있는 개그 프로를 보는 필자는 배꼽을 잡을 때가 잦다. 그들은 아마도 사람들의 배꼽을 잡게 하는 웃음의 마술사들이라는 생각마저 든다.

공작새, 수탉 같은 새들이 사랑을 위해 진화해온 깃털의 역사를 생각할 때, 극락조 수컷이 재주껏 꾸미고 암컷 앞에서 구애의 퍼포먼스를 정성껏 하지만 딱지를 맞는 걸 구경할 때, 난쟁이 아저씨와 키다리 아가씨가 서서 뽀뽀를 하려고 이리저리 재고 있는 사랑스러운 모습을 볼 때, 우는 아기 소리와 애타게 달래는 엄마의 목소리가 온 동네에 울려 퍼질 때…… 흐뭇한 웃음이 절로 나온다.

날렵한 치타(사냥꾼)가 연약한 가젤(사냥감)을 쫓다가 허탕치고 헐떡거리는 모습을 볼 때, 별똥별이 밤하늘을 가로지르며 한순간 아름다운 모습을 연출하는 모습을 볼 때, 그리고 민들레의 홀씨가 주류천하를 하는 모습을 있는 그대로, 혹은 고속으로 촬영했다가 느리게 볼 때도 넘치는 미소를 또한 참을 수 없다.

웃음의 소재는 자연과 일상생활 속에 널려 있다. 그냥 내 맘대로 골라서 공짜로 사용하면 된다. 하루에 뭘 먹고 마시는 횟수보다 적게 웃는 사람이 있다면 웃음 결핍증(?)일지도 모른다. 여섯 살 아이는 하루에 삼백 번 웃는데 어른은 하루에 겨우 열일곱 번밖에 웃지 않는다는 어느 보고서가 생각난다. 어른들은 체면의 문턱 때문에 웃음을 참는다고 한다. 체면이 웃음의 문지방을 가로막는 일이 없었으면 좋겠다.

심신의 건강과 인간관계의 부드러운 촉진을 위해서, 무엇을 먹을 때나 사람을 만날 때마다 빙그레 웃으며 살자. 웃기로 마음먹은 사람은 웃기를 잘하고 웃는 습관이 들게 마련이다. 웃음의 가장 중요한 포인트는 눈의 모습이 아니라 입 모양에 달렸다고 한다. 입가를 조금만 높여줘도 웃는 얼굴로 변한다. 사람을 만날 때 진정으로 반갑게 맞이해보자. 문제가 잘 안 풀리거나 어려울 때일수록 즐겁고 기쁜 감동의 순간을 생각해보자. 역시 입가가 올라가는 걸 느낄 것이다. 지금 당장 어깨를 펴고 어린아이처럼 입을 크게 벌려 실컷 웃어보자.

동물과 의사소통

사람들만 의사소통하는 게 아니라 동·식물뿐만 아니라 심지어는 미생물 간에도 의사소통이 어느 정도 이루어진다는 연구보고가 있다. 먼저 동·식물의 의사소통 모습을 간단하게 살펴본 다음 사람들의 효율적인 의사소통 방법에 관해 생각해보자.

동물들도 말을 한다. 사람만큼 체계적이고 다양한 의미를 담은 하지는 못하지만, 그들만이 통하는 구어적 언어가 있고, 표정과 몸짓 등 비구어적 언어가 있다. 동물과의 의사소통에는 동물 간, 동물과 사람 간의 의사소통이 있다. 그리고 길들인 비둘기나 매처럼 사람과 사람 간의 전달자 역할을 하는 예도 있다. 여기서는 동물 간의 의사소통의 한 예를 중심으로 살펴본다.

강아지와 고양이의 신호 차이

강아지는 기분이 좋을 때 꼬리를 흔들지만, 고양이는 공격의사 표시로 꼬리를 흔든다. 고양이는 기분이 좋으면 골골 거리지만 강아지는 고양이의 골골 거리는 소리를 상대방을 경계하는 소리로 듣는다. 또 강아지는 상대방에게 호감이 있다는 표시로 앞을 막아서고 눈을 쳐다보면서 몸을 땅바닥에 붙인다. 그러나 고양이는 앞을 막아서면서 눈을 마주치는 것은 자신에 대한 경계심과 자신의 힘을 과시하고 '덤빌 테면 덤벼 봐!' 하는 것으로 인식한다.

이러한 일은 비단 개와 고양이, 그리고 개와 원숭이 사이에만 일어나는 현상이 아니다. 모든 동물 사이에 일어날 수 있을 뿐만 아니라 종내 개체 간에도 일어날 수 있다. 사람들 사이에서는 더욱 심각하게 나타날 수 있다. 고부간의 갈등이 가치의식의 차이 때문에 나올 수 있지만, 의사표현 방법이라는 단순한 신호체계의 차이 때문에 일어날 수 있다. 같은 팀에서 야구의 투수와 포수 간에 서로 신호가 맞지 않아 낭패를 당하는 경우도 있지 않은가. 더욱이 이문화 간 사람들의 의사소통에서는 같은 문화 내의 경우에 비해 구어보다 비구어 의사소통의 의존도가 높다 보니 신호를 잘못 읽는 경우가 같은 문화 내 의사소통에 비해 더 많게 마련이다.

이런 신호(signal)의 차이는 그래도 겉으로 드러나는 차이라 서로 만나서 웃고 표현하다 보면 금방 이해할 수 있는 성질의 것이다. 그러나 생각(신념, 사상)의 차이는 서로 이해하기 어렵거니와 의사소통이 되었다 하더라도 합의를 통한 협력을 불러오기가 여간 어려운 것이 아니다. 예로 급진사회주의 대 자본주의, 창조론 대 진화론, 크리스도교 대 이슬람교 사이의 교리 차이 등이 그렇다.

꿀벌의 언어

꿀벌은 동료와 화분이나 꿀이 많은 곳에 대한 정보를 공유해야 하기 때문에 상당히 발달한 의사소통 체계를 가지고 있다. 꽃이 많은 들판이나 습지를 찾아낸 꿀벌은 벌통으로 돌아와 그 장소의 정확한 위치를 동료에게 설명해주어서 꿀과 화분을 더 많이 모아 올 수 있도록 한다. 도대체 어떤 방법으로 설명하는 것일까?

독일 바바리아의 카를 폰 프리슈 교수는 이 질문의 답을 얻어내기 위해 꿀벌들의 의사소통 과정을 20년 넘게 관찰하였다. 그의 저서 『춤추는 꿀벌』(1956)과 『꿀벌들의 정위와 춤 언어』(1967)는 꿀벌의 언어에 관한 놀라운 발견을 담은 중요한 기록서이다. 일을 나갔다 돌아온 꿀벌은 다양한 춤을 통해 동료에게 정보를 전달했다. 각각의

148

춤은 매우 독특한 방법으로 전개되었으며 꿀과 화분이 있는 곳에 대한 자세한 위치정보와 벌집에서부터의 거리, 꿀과 화분의 품질 등을 매우 자세하게 알려주었다. 이러한 벌의 꼬리 춤은 인간의 약속된 수화(手話)나 보디랭귀지 못지않은 정교함을 가진 것으로서 신비스러울 따름이다.[78]

꿀벌의 의사결정은 민주적이고도 합리적이다. 봄철 새 여왕벌이 부화하기 전 1대 여왕벌은 일벌의 3분의 2를 데리고 새집을 찾아 나선다. 분봉(分蜂)이다. 새집을 지을 장소를 찾는 건 꿀벌 무리의 5% 미만인 정찰벌들의 몫이다. 정찰을 마치고 무리로 돌아온 이들은 각자 '8'자 춤으로 결과를 보고한다. 춤이 격렬하고 길수록 '정말 괜찮은 곳을 찾았다'는 뜻이다. 그다지 추천할 만하지 못하면 춤은 짧게 끝난다. 첫 보고를 마친 정찰벌들은 가장 강력한 후보지들을 함께 돌아보고 와 다시 '8'자 춤을 춘다.

정찰벌들의 결정이 늦어지거나 판단이 잘못되면 꿀벌 무리 전체가 위태로워질 수도 있다. 하지만 여왕벌을 비롯한 집단의 나머지 95%는 정찰벌들이 결과를 도출하는 과정을 지켜볼 뿐 여기에 관여하지 않는다. 그런데도 새 둥지로 이동하는 과정은 불과 몇 시간 만에 끝난다. 엉뚱한 곳으로 이주하는 경우도 거의 안 생긴다.

영국 런던정경대학의 크리스티안 리스트 교수는 컴퓨터 시뮬레이션을 통해 정찰벌들이 정보를 공유하지 않고 제삼자에게 보고한다면, 의사결정이 매우 느려진다는 사실을 알아냈다. 또 정찰벌들이 자신이 본 것보다 다른 정찰벌의 판단을 추종한다면 엉뚱한 둥지로 무리를 이끌 가능성이 크다는 것도 입증했다. 하지만 실제 정찰벌들은 서로가 본 것을 완전히 공유했다. 동시에 자신이 본 것에 대해서는 다른 정찰벌의 눈치를 보지 않고 독립적으로 보고했다. 같은 대학의 사이먼 힉스 교수는 "꿀벌들은 집단사고의 함정에 빠지지 않고 최선의 선택을 하는 방법을 알고 있다"고 말했다.[79]

식물도 '말'을 한다

고통받은 토마토가 소리를 지른다. 판타지 영화의 한 장면이 아니다. 독일의 막스 플랑크 연구소(MPI)의 관찰 결과 이런 일이 실제로 존재하는 것으로 밝혀졌다고 시사주간지 「슈피겔」이 2006년 6월 26일에 보도했다. 「슈피겔」은 "MPI의 과학자들은 식물이 주변의 자극을 받으면 특정 화학물질을 분비해 이를 주변에 알린다는 사실을 밝혀냈다"며 "이는 인간이 말로 주변에 정보를 알리는 것과 같은 효과를 낸다"라고 설명했다. 특정 화학물질이란 외부의 자극을 받을 때 분비하는 식물성 호르몬을 가리킨다. 이 물질들이 내는 수백 가지 냄새들이 식물들의 의사소통에 사용되는 어휘인 셈이다.[80]

류충민 한국생명공학연구원 박사팀은 식물이 해충 공격에 대항해 면역을 증진시키기 위해 뿌리 주변의 유익한 미생물을 유인하는 현상을 새로 규명했다. 이번 연구결과는 생태학 분야의 권위 있는 학술지인 영국 「생태학지(Journal of Ecology)」(2011.01)에 게재됐다.

식물들은 해충이나 병균에 대한 저항력을 키우기 위해 동종 식물끼리 신호를 전달할 뿐 아니라 잎과 잎, 또는 잎과 뿌리 간 신호를 전달하는 활동을 하며 흙 속에 있는 유익한 미생물과도 신호전달을 통한 네트워킹을 하는 것으로 밝혀졌다. 특히 식물과 미생물 간에 서로 긴밀한 대화를 한다는 사실이 주목을 끈다.

류 박사팀은 식물이 지상에서 일어나는 해충이나 병원균의 공격을 지하 흙속에 있는 뿌리에 신호를 전달해 알리고, 면역을 증진하는 데 도움이 되는 세균과 곰팡이를 뿌리 주변에서 유인해 밀도를 높여 앞으로 발생할지 모르는 해충의 공격에 대비한다는 사실을 처음으로 밝혀냈다. 식물이 미생물을 활용해 면역력을 높이는 셈이다. 식물은 또 한 잎이 해충이나 병원균에 공격받으면 다른 잎(같은 식물)에도 이러한 신호를 보내 저항력을 높인다. 이 같은 현상은 식물과 식물 간에 대화가 존재할 뿐만 아니라 식물의 주요기관 간 대화도 매우 빈번히 이루어지고 있다는 사실을 의미한다.[81] 식물들이 직접 말은 못하지만 마치 말과 시스템으로 이뤄진 사람들의 소셜 네트워킹을 흉내내고 있는 것 같다.

인간의 의사소통

인간만의 언어

언어는 인간의 뇌가 성취한 가장 인상적인 업적 가운데 하나이다. 그런데 인간만이 이 능력을 갖고 있는 걸까? 다른 많은 동물도 정교한 형태의 의사소통을 할 수 있다. 예를 들어 돌고래는 몇 킬로미터 떨어진 곳까지 음향신호를 보내 자기들이 사냥하는 물고기에게 들키지 않고 정보를 교환할 수 있다. 그들은 짧은 구절로 '말' 하는데, 자신만의 독특한 휘파람을 사용한다. 또한 혹등고래는 복잡한 노래를 한다. 그 노래는 길게는 30분까지 지속하기도 하며 물속에서 수백 킬로미터까지 뻗어 나간다.

그러나 고래의 노래나 돌고래의 울음소리, 휘파람, 비명이 정확히 무엇을 의미하는지는 아직 의문으로 남아 있다. 과학자들의 오랜 연구에도 불구하고 그들이 인간과 같이 정교한 언어를 가지고 있다는 확정적인 증거를 발견하지 못하고 있다.

4년 동안 강도 높게 훈련받은 '님'이라는 침팬지는 약 160개의 어휘를 기억했다. 그러나 네 살 된 아기가 습득한 어휘는 약 3,000개이다. 가장 뚜렷한 차이점은 침팬지가 상상력이나 독창성과는 무관하게 언어를 흉내 내는 것이다.

미국의 심리학자 허브 테라스는 인간과 침팬지의 결정적인 차이점은 능력이기보다는 언어를 사용하는 상황이라고 주장한다. 침팬지가 수화를 사용하는 장면을 촬영한 비디오를 주의 깊게 관찰하면 그들은 껴안고 싶다거나 사과가 먹고 싶을 때와 같이 어떤 목적을 달성하기 위해서만 그렇게 한다는 사실을 발견할 수 있다. 이와는 대조적으로 인간은 아주 어린 아이조차도 그들이 뭔가를 원할 때뿐만 아니라 언제든지 자연스러운 언어 행동을 보인다.[82]

태교와 엄마 품 속에서 시작하는 의사소통

아기가 잉태하기 전부터 임신이 기대되는 사람은 자신의 몸과 마음 관리에 특별히 신경 써야 하며, 신성하고도 고귀한 생명이 잉태된 순간부터 아기에게 좋은 음악을 들려주거나 이야기를 끊임없이 나누는 것은 태아의 건강한 성장에 도움이 된다고 한다. 또한 사람은 엄마의 품에서 세상과 소통하는 방법을 배운다. 그렇기 때문에 사람들은 세상과 소통이 막힐수록 의사소통의 원초적 경험으로 회귀하려는 경향을 보인다. 남자들이 풍만한 여인의 가슴에 열광하는 까닭은 이러한 심층심리의 충동 때문이다.

지그문트 프로이트(S. Freud)가 설명한 '유아 동경(infant yearning)'은 사회화의 퇴행(退行)으로 보기도 하지만 인간의 몸과 마음의 고향인 유아 때의 엄마 품을 그리워하는 본능이라고 하겠다. 다른 사람과 사귀거나 어울리기를 싫어하며 골방에 틀어박혀 인터넷 같은 것만을 탐닉하면서 홀로 즐기며 사는 이른바 코쿤(cocoon, 누에고치)족은 사회화 퇴행의 예로 볼 수 있다. 프로이트는 사람이 엄마의 젖꼭지를 빨듯이 담배를 피우고 껌을 씹는 것을 유아 동경의 예로 들었다.

프로이트가 인간의 자아(self)를 충동(id), 자아(ego), 초자아(super-ego)의 세 가지 차원으로 설명하면서 충동 가운데서도 특히 성적 충동(libido)에 비중을 두어 너무 강조한 것에 대해서는 그 이후 많은 비판을 받을 만했다. 그러나 인간이 사는 동안 성적 충동을 관리하기 위해 끊임없이 자아와 초자아가 관여하는 것을 볼 때 '성적 충동'의 비중이 작지 않은 것만은 틀림없는 것 같다. 사람이 너무 '성적 충동'을 밝혀도 안 되지만 반대로 너무 죄악으로 금기시할 일도 아니다. 특히 젊은이는 이것의 수위조절이 자동차의 안전 운전만큼이나 조심스럽다는 사실에 늘 유의해야 하겠다. 프로이트의 생각은 아직 뇌신경 과학이 발달하지 못한 시대에 나온 것으로 사람의 마음을 제대로 다 파악하지는 못한 것이다. 하지만 그의 '무의식'의 탐구와 "유아교육이 평생의 성격을 결정짓는다"는 생각은 이후 정신분석학과 교육학 등에 의미 있는 영향을 주었다.

요즈음 젊은 엄마들은 아기를 품에 안거나 유모차를 끄는 동안에도 아기와 계속 친구처럼 다정다감하게 말을 주고받는다. 겨우 옹알이하는 아기에게도 말이다. 그건 아기와의 의사소통과 교감(rapport)을 형성하기 위해 바람직하며, 또한 가장 행복한 인간애의 모습 중 하나가 아닐까.

효율적인 의사소통이 필요하다

원활한 인간관계를 위해서는 무엇보다 효율적인 의사소통이 이뤄져야 한다. 의사소통을 위한 말(구어든 비구어든)은 그 사람의 생각과 느낌을 나타낼 뿐 아니라 그 사람의 인격을 반영하기도 한다. 인간관계가 행복한 성공의 주요한 요건의 하나인데, 인간관계를 원만하게 하는 수단으로서 의사소통은 매우 중요한 것이다. 의사소통은 구어적 의사소통과 비구어적 의사소통으로 나뉘는데, 그 효율성을 높이는 방법을 각각 간단하게 살펴보려고 한다.

입으로 말하기(구어적 의사소통)가 일단 중요하지만, 의사소통에서 강력한 힘을 가진 것은 비구어적 메시지이다. 말과 행동이 다를 때 우리는 말보다 비구어적인 행동을 더 신뢰한다. 그러므로 구어적 메시지의 경청과 동시에 비구어적인 단서도 눈여겨봐야 상대방과 효과적인 의사소통을 할 수 있다. 게다가 상대방의 비구어적 단서를 지각하는 능력이 매우 중요하며 상대뿐만 아니라 자신의 비구어적 단서를 자각하는 능력이 요구된다. 이렇게 주의 깊게 경청하였는데도 불구하고 이해가 잘 가지 않을 경우 적절한 질문을 통해 확인하는 것이 오해나 편견을 막을 수 있다. 특히 문화가 다른 외국에서 의사소통을 할 때 그 지역 구어에 능숙하지 않을 때 몸짓과 손짓 같은 비구어에 의존하게 마련이다. 비구어의 표현방식이나 의미 자체가 문화 간에 큰 차이가 있을 수 있음을 이해하는 것이 중요하다.[83]

❶ 구어적 의사소통

말로 의사소통을 하는 데 있어서 가장 중요한 것은 적극적 경청이다. 남의 말을 진지하게 귀담아듣는 게 적극적 경청이다. 훌륭한 임금님의 귀는 당나귀 귀라야 하듯이 지위가 높아질수록 열린 마음과 겸손한 자세로 다른 사람의 말에 귀를 기울여야 한다. 이것이 바로 효과적인 의사소통의 핵심 요소다.

'경영의 신'이라고 불리는 마쓰시타 고노스케는 "나는 소학교만 다녔기 때문에 아는 것이 별로 없어 누구의 이야기든 주의 깊게 듣는다"고 하면서 "다른 사람의 말을 경청하게 되면 생기는 이득이 많다"고 역설했다. 그는 처음에는 배우기 위해 들었으나 나중에는 사람을 얻을 수 있었다고 말하며, 특히 사람들이 자신의 편이 되어 잘 따른다는 사실에 본인도 놀랐다고 강조한다.[84]

사람들은 자신의 이야기를 진지하게 잘 들어주는 상대에게 호감을 느끼므로 다른 사람의 이야기를 잘 경청하는 것은 중요한 대인관계 기술이다. 경청할 때 귀로 듣고 눈으로 보아야 한다. 상대방의 표정이나 시선, 자세나 움직임 등은 언어로 표현되는 메시지를 적극적으로 반영하는 힘이 있다.

❷ 비구어적 의사소통

비구어적 의사소통은 눈 마주침이나 몸의 방향, 자세, 심리적 거리를 잡는 방법 등의 비구어적 행동을 통해 자신의 의사와 감정을 표현하는 기술을 말한다.[85] 일상생활에서 표정, 몸짓, 몸의 자세, 목소리 등은 매우 다양한 메시지를 전달한다. 특히 동양문화권에 속하는 한국사회에서는 서구사회에 비해 구어적 행동보다는 비구어적 행동을 통해 의사소통을 하는 경우가 많다. 따라서 비구어적 행동을 잘 구사하여 자신의 의사를 표현하는 기술이 중요하다.

효과적인 의사소통에서 한 가지 더 고려해야 할 것은 어떤 매체를 통하느냐이다. 하나는 말로 할 것인가 글로 할 것인가이고, 다른 하나는 직접 만나서 대화할 것인가, 아니면 전화나 다른 전자매체 같은 간접매체를 이용할 것인가이다. 어느 매체를 이용하느냐에 따라 의사소통에 차이가 나타날 수 있다. 의사소통할 내용이 길고 복잡하다면 직접 만나서 충분한 시간을 가지고 대화와 협의가 필요할 것이며, 때론 글(문서)로 확인해야 할 경우도 있을 것이다.

최근에는 스마트폰(smart phone) 하나로 거의 모든 정보의 검색과 상대방과의 의사소통, 그리고 거래 및 결제까지도 한 방에 해결하는 시대이므로 보안 문제만 해결된다면 이 부분에 대한 걱정은 거의 끝난 것처럼 보일 수 있다. 그러나 의사소통을 위해서 아무리 편리한 디지털 내지 디지로그(디지털+아날로그)의 융합기기가 있다 하더라도 사람과 사람 사이의 생각과 감정을 확실하게 나누는 데 가장 효과적인 매체는 직접 만나서 이야기하는 것이다. 젊은 남녀가 만나서 아무 말 없이 손만 잡고 있어도 연정이 통하며 친구와 소주 한 잔 기울이며 진솔하게 대화를 나눌 때 우정이 더 두터워질 수 있지 않은가.

사업에서도 어렵고 힘든 문제를 해결하기 위한 마지막 창구는 역시 상대방을 직접 만나서 설득하는 것이 제일이 아닐까?

배우자와의 원활한 의사소통 방법

남성과 여성은 의사소통 방식이 다르다. 일반적으로 남성은 직접적이고 여성은 간접적이다. 남성은 여성보다 결과, 완성, 종결에 초점을 맞추는데, 여성은 남성보다 인간관계와 의사소통 과정에 대해 관심이 더 많다. 이 차이가 종종 엄청난 오해를 가져오기도 한다.

보통 남성은 결론부터 이야기하기를 좋아하고 논의를 빨리 끝내려고 하는데, 여성은 문제의 해결 과정에 대한 논의 자체를 즐기려는 경향이 남성보다 강하다. 예부터 대체로 입씨름에서 여자를 이기려는 남자나 팔씨름에서 남자를 이기려는 여자는 어리석다는 말이 있다.

매체의 이용에도 여성은 이성적인 인쇄매체보다 감성적인 영상매체를 더 선호하는 것으로 나타난다. 가까운 예로 필자의 집을 들여다보자. 유선전화는 무선의 휴대전화가 나오기 전부터 거의 안방마님의 전유물이었다. 좋아한다기보다는 한 번 잡았다 하면 놓기를 싫어하는 것 같다. 사실 전화료가 가장 싼 까닭도 있겠지만, 전화선은 정보의 공유에서부터 스트레스 해소를 위한 수다에 이르기까지 서로가 '공명의 거미줄' 인 셈이다.

어떤 때는 '제빵왕 김탁구' 같은 드라마를 보면서 서로 그 TV 드라마의 내용에 관해 방송이 끝날 때까지 이야기를 주고받는 모습을 보며 그 끈기와 공감각 능력에 감탄하지 않을 수 없었다. 그건 충격이라기보다 오히려 감격이다. 그런데 나와 두 아들이 야구나 축구 중계방송을 보며 거품을 물고(?) 응원하거나 논쟁하는 모습을 볼 때 아내의 마음은 어떨까? 충격일까 감격일까. 아니면 다만 "잘들 놀고 있네……"일까?

물론 성차보다 개인차가 큰 경우가 있으므로 경우에 따라 하나하나 검증이 필요하다. 게다가 요즈음 젊은이는 나이 든 세대에 비해 어떠한 선호성향에서 성차가 좁아지고 있는 것이 사실이다. 그렇다고 하더라도 여전히 남자와 여자 사이에는 공유할 수 없는 자기만의 영역이 존재한다.

세대와 상황 등에 따라 부부간에 바람직한 의사소통이나 친숙한 분위기를 만드는 방법은 여러 가지가 있을 것이다. 우선 부부가 뒷동산이나 공원을 함께 걸으면서 이야기를 나누는 것은 가장 자연스러우면서도 효과적인 의사소통 방법의 하나다. 앞서거니 뒤서거니 걷다 보면 약간의 긴장감도 생기고 대화를 끊고 이어가는 데 있어서 생각할 여유를 가질 수 있어 좋다. 가령 부부간의 의견이 맞지 않거나 오해가 있을 때 집안이라는 꽉 막힌 공간에서 끝장 토론을 하게 되면 부부싸움으로 비화되기 쉬운데 앞길이 열려 있는 오솔길을 걸어가면서 얘기하다 보면 호흡조절과 함께 의견의 조율도 잘 이뤄진다. 이에 건강은 덤으로 따라오게 된다.

시간과 돈의 여유가 있다면 여행을 함께 다니는 것도 좋다. 여행은 깊고도 정겨운 대화가 느긋하게 오갈 수 있게 해주며, 정다운 추억을 오래도록 공유하게 만들어준다. 해외여행이 시간과 경비 때문에 부담스럽다면 가까운 곳으로 가볍게 하룻밤 여행을 떠나는 건 어떨까?

상대를 설득하려면 확신을 가지고 감성을 자극하라

아리스토텔레스는 일찍이 누군가를 설득할 때는 에토스(Ethos), 파토스(Pathos), 로고스(Logos)의 세 가지가 필요하다고 주장하였다. 이러한 그의 주장은 표현과 비율에서는 다소 차이가 있을지 몰라도 오늘날에도 대체로 수용되고 있다. 한 예로서 수학 선생님식의 설명보다는 뱀 장수 식의 확신에 찬 설득이 의사소통에서 더 효과적인 때가 많다. B2B(기업 간 거래)에서는 합리적 숫자가 설득력이 큰 것이 사실이지만 B2C(기업 대 소비자)나 P2P(개인 간 거래)에서는 숫자보다 감성을 울리는 설득에 마음이 기우는 경향이 크다.

그런데 아리스토텔레스가 말한 에토스는 믿을 만한 사람(인격자, 신용 우량자)의 말이라는 전제가 붙어 있음을 간과해서는 안 된다. 또한 다음의 표에 정리된 내용에서 알 수 있듯이 설득에 있어서 그 사람의 품격에 대한 신뢰감이 포함된 에토스의 비중이 높다는 사실에 유의해야 한다. 상품과 상황, 인간관계의 친밀도, 사람의 성별 등에 따라 그 정도가 달라질 수 있지만, 에토스는 오늘날에도 상대방을 설득하는 데 가장 중요한 요소인 것이다.[86]

상대를 내 편으로 만들려면 설명보다는 설득을 하고 상대를 설득

하려면 확신을 가지고 감성을 자극해야 한다. 예를 들어 그(녀)의 장
점이나 주특기, 좋은 취향 등을 칭찬하며 격려하라. 그리고 만나서
진솔한 대화를 통해 설득하는 것이 소통에 큰 도움이 될 것이다.

에토스(Ethos)	습관→성격(인격) 측면으로 명성, 신뢰감, 호감 등 설득에 60% 정도 영향
파토스(Pathos)	일시적 특성으로 정의(情意), 격정, 공감, 경청 등으로 친밀감을 형성하거나 유머, 공포나 연민 등 감정적 측면 설득에 30% 정도 영향
로고스(Logos)	논리, 실증적 자료 등으로 상대방의 결정을 정당화할 수 있는 근거를 제공하는 논리적 측면 설득에 10% 정도 영향

협동심을 발휘하라

　사회적 상호작용의 세 가지인 협동, 경쟁, 갈등 중에서 협동은 아름답고도 슬기로운 가치이다. 협동은 나 혼자만 잘 먹고 잘 살자는 가치가 아니라 모두가 함께 노력해서 다 같이 잘 살자는 사랑과 평화의 속성을 지닌다.

　협동은 호혜적 협동에서 헌신적 협동에 이르기까지 여러 유형으로 나타날 수 있다. 남을 배려하고 집단(조직)을 위해 자기를 희생하는 등 어떤 형태의 협동이든 간에 크게 보면 결국 자기 자신에게도 이익이 되는 것이다. 그 까닭은 무엇일까?

협동은 슬기롭다

케냐의 마사이마라 국립공원에는 누와 얼룩말이 맹수로부터 자신들을 보호하기 위하여 전략적으로 동거한다. 색맹인 누는 20km 밖의 냄새까지 맡는다. 반면 후각이 약한 얼룩말은 15km 밖까지 볼 수 있다. 이들은 먹이 다툼도 없다. 둘 다 초식동물이지만 얼룩말은 긴 풀을, 누는 작은 풀을 뜯어 먹는다.

필자는 어려서 친구들이랑 신나게 등 넘기 놀이를 즐겼다. 지금도 고향에 가면 볼 수 있다. 등 넘기란 개구리 뜀뛰기에서 따온 이름이다. 번갈아가며 구부리고 있는 앞사람의 등을 뛰어 넘는 우리의 전통놀이다. 앞사람의 등을 넘어야 내가 전진할 수 있다. 등을 빌려준 사람 덕분에 지금은 내가 앞섰지만 이제 내가 다른 사람에게 기꺼이 등을 내밀 차례다. 공진화의 원리가 이 놀이에서도 읽힌다.

시장에서 혼자만 판치는 기업은 언제고 소비자들로부터 외면당해 망하기 쉽다. 소비자(고객)를 소홀히 대한 탓이다. 즉, 소비자의 마음을 누가 더 잘 알아주는지가 중요하다. 또한 등 넘기 놀이처럼 경쟁하는 상대가 있어야 공진화 효과가 나타나게 마련이다. 다행스럽게도 우리는 개인, 기업, 대학, 시민단체, 국가 간에서 그 예를 얼마든지 찾아볼 수 있다.

쇼트트랙이나 스피드 스케이팅을 보면 개인전에선 서로 경쟁할 수

밖에 없지만, 단체경기인 계주에선 서로 호흡을 맞추고 등을 밀어줘야 한다. 등을 잘 밀어줘야 터치한 다음 속도에 탄력이 붙기 때문이다. 학교 친구, 회사 동료는 경쟁자이면서 협동 관계에 있다. 사회적 상호작용에서 지나친 경쟁보다 협동하는 것이 아름답고도 이롭다는 사실을 깨달아야 한다. 선의의 경쟁이 나를 분발케 하여 발전하게 만들고(공진화), 조직 단위로 일할 때는 대체로 '나보다 우리의 뇌가 우수하며 또한 나보다 우리의 팔다리가 힘세다'는 사실도 유념해야 한다. 이때 협업(collaboration)의 승수효과를 인식하고 협업 분위기를 고무하는 리더의 친화력이 더욱 요망된다.

우리는 또한 태양을 도는 지구라는 행성에 사는 한 구성원으로서 다른 구성원들(인간을 포함한 삼라만상)과 공생·공진화를 도모하는 것이 길고 큰 틀에서 볼 때 '행복한 성공의 길'이라는 진실을 깨닫고 실천해야 한다.

순천만 '갈대 숲길'을 거니노라면 바닷가의 농게가 게거품을 하고, 먹이를 찾던 흑두루미도 홰를 치며 사람들을 반긴다. 뭍 바람, 물 바람 소리가 우리의 뺨을 함께 스치는 순간, 그들과 만나는 기쁨이 가슴속에 스며든다. 자연과 공존·공생하는 기쁨이 우리를 숨차게 한다.

협동의 힘

아프리카 초원에 사는 버섯흰개미들은 높이가 4~6m나 되는 탑 모양의 둥지를 만든다. 아주 작은 생물의 대표라고 말할 수 있는 흰개미들이 사람도 쌓기 어려운 거대하고도 정교한 둥지를 어떻게 만들 수 있는 것일까? 개미 한 마리의 크기는 작고 그 힘도 보잘것없지만 무리를 이루면 큰 동물도 당해내지 못할 만큼의 '집단지능(collective intelligence)'을 발휘해 놀랄 만한 창조력과 파괴력을 보인다. 벌의 무리, 바다의 청어떼, 철새의 무리도 마찬가지다. 이러한 무리의 공통점은 개체는 힘도 지능도 작지만 무리의 힘과 지혜는 놀라울 만큼 크고 똑똑하다는 것이다.[87]

붉은 악마 응원단 한 명 한 명은 개성이 다른 한 사람들일 뿐이지만 광장이나 운동장 스탠드에 모인 한 무리는 오로지 하나의 생각으로 뭉쳐 하늘을 찌르고 땅을 가를 것만 같은 위세를 보인다. 위키피디아(Wikipedia)는 수백만 명의 사람이 참여하여 만드는 집단 지능(동물과 달리 집단 지성이라고 볼 수 있음)의 결정체가 아닌가.

연구와 창작에서도 마찬가지다. 옛날에는 발명왕 에디슨과 팔방미인인 레오나르도 다빈치라는 창조적 천재가 거의 혼자서 발명과 창작을 다 할 수 있었다. 하지만 요즈음엔 스티브 잡스도 아이폰과 아이패드를 결코 혼자 힘만으로는 내놓을 수 없었다. 이것이 바로 집단 지성의 힘이다. 여기에 맞서는 안드로이드폰의 대항 세력도 역시 집단지성의 힘을 믿고 있는 것이다. 경쟁의 주체가 '개인 대 개인(혹은 집단) → 단위 집단 대 단위 집단 → 네트워크 대 네트워크'로 진화하고 있는 것이다.

그러나 집단지능이 무리문화(herd culture)로 나타날 때 긍정적인 면만 있는 건 아니다. 때로는 부정적인 결과로 나타나는 두 얼굴을 지닌다. 사막의 메뚜기 떼는 모든 식물을 초토화시킨다. 사람은 이른바 군중심리가 작용하여 집단의 이성이 마비될 경우도 큰 낭패를 가져온다. 3년 전, 우리나라에서 미국산 쇠고기 수입과 관련하여 광우병에 대한 소문으로 인한 촛불 집회 때문에 한동안 세상이 혼란스러웠던 일과 천안함 폭침에 대한 여론의 일각이 바로 그 예이다.

2010년 3월, 연평도 연안에서 북한군의 어뢰 공격을 받아 46명의 우리 해군이 희생된 천안함 폭침사건이 있었다. 그 사건에 관한 국제공동 조사결과로 북한군의 소행이라는 명백한 증거물이 나왔다. UN을 비롯한 국제사회가 공인했을 뿐만 아니라 북한의 김정남(김정일의 장남)마저 시인했는데도 불구하고 일부 한국인들은 아직도 못 믿겠다고 한다. 도대체 그 이유가 어디에 있을까? 이 정권이 거의 주요 사안마다 국민에게 확신에 찬 설명과 홍보를 제대로 못한 탓도 있는 것 같다.

2010년 11월에는, 북한이 연평도에 무차별 포사격을 가하여 우리 쪽의 인명과 재산의 커다란 피해가 발생했다. 주민 대부분이 피난을

166

떠났다. 이를 본 우리 국민들은 북한의 만행을 규탄하고 강력히 응징해야 한다는 한 목소리가 크게 메아리쳤다. 그러나 아직까지도 마치 "미운 사람의 말은 콩으로 메주를 쑨다고 해도 못 믿겠다"는 편견을 가진 사람이 있는 것으로 보인다. 이 경우 그들 가운데 상당수는 혹시 집단 편견에 싸여 있는 게 아닌지 의심스럽다.

집단편견은 오로지 그 집단의 목적과 의도에 맞는 방향으로만 말하고 행동하는 경향을 가리킨다. 따라서 집단편견에 빠진 사람들은 반대의견에 귀기울이거나 타협하려고 하지 않는다. 맹목적 민족주의는 집단편견의 일종이다. "아리안 민족의 피의 순수성을 지키자!"고 외치며 600만 명의 유대인을 학살한 나치의 만행은 바로 집단편견이 낳은 죄악이 아니든가.

 협동의 자연법칙

협동의 나무뿌리

세콰이어(sequoia, giant sequoia) 삼나무는 지구상에 현존하고 있는 나무 중 가장 큰 종류인 동시에 가장 오래된 생물이기도 하다. 캘리포니아에 있는 세콰이어 나무는 보통 80m 이상의 키에 둘레가 9m로 3,000년 이상 산다.[88]

요세미티 공원의 세콰이어 나무는 그동안 번개나 자연발화 등에 의해 수십 차례 큰 불이 났지만 수천 년을 버티며 살아왔다. 이 나무는 오랜 가물에도 중심 뿌리가 땅속 깊이 수직으로 뻗어 물을 펌프처럼 빨아올릴 수 있었고, 곰팡이와 벌레에도 강한 습성을 갖고 있으며, 나무껍질에 불이 타지 않는 성분이 들어 있다고 한다.[89] 중심 뿌리를 제외한 대부분의 뿌리는 지표 밑에 얕게 퍼져 있다. 그런데 강풍이 자주 부는 미국의 서부 해안에서 80m가 넘는 거목(巨木)이 쓰러지지 않는 비결은 무엇일까? 이 나무는 혼자 자라지 않고 꼭 여럿이 숲을 이루는데 지표 바로 밑에서 곁뿌리들이 서로 얽혀 있다. 이처럼 서로 어깨동무하고 버티는 '뿌리 사슬' 이 그 비결이다.

당신도 큰 나무 세콰이어처럼 큰 사람이 되고 싶지 않은가? 그렇다면 세콰이어가 당신에게 보내는 은근한 듯 분명한 메시지를 참조할 필요가 있다. 그 큰 나무가 어려운 상황에서 넘어지지 않고 꿋꿋하게 생존하고 성장하며 대를 이어 번성할 수 있는 것은 혼자보다 이웃과 손(뿌리)을 잡아야 한다는 지혜를 가진 덕분이다.

세콰이어는 혼자서도 어느 정도 자생력을 갖추되 이웃과 관계를 맺어 상생의 협력을 한다. 그들은 뿌리를 뻗을 자리를 서로 양보하면서 더 나아가 뿌리 사슬로 여러 나무의 뿌리를 하나로 묶는다. 뿌리 사슬은 마치 연리근(連理根)처럼 서로 사랑하고 믿는 관계로 발전한다. 그리고 이러한 통합의 결속력이 마침내 시너지 효과를 나타내는 것이다.

우리 조상은 거의 다 농사꾼이었다. 모를 낼 때나 벼를 벨 때와 같은 농번기에는 이웃과 서로 돕지 않으면 제때 일을 할 수가 없다. 그래서 서로 협력하여 농사를 짓기 위해 '두레'를 만들었다. 두렛일, 두레논, 두렛상, 두레우물의 두레박 따위는 모두 두레와 관련된 것으로 공동체의 협동정신이 묻어 있다. 이러한 두레 정신은 근면, 자조, 협동의 새마을 정신으로 이어져 우리나라가 잘 사는 나라로 발돋움하는 데 밑거름이 되었다고 본다. 아무리 개인의 창의성이 돋보이는 세상이라 하더라도 근면·협동의 정신은 함께 살려 나가는 게 바람직하다.

사람들의 욕구가 다양화하고 사회구조가 다원화된 오늘의 복잡계에선 개인의 상상력과 창의성만으로는 한계가 있다. 오히려 누적된 지식과 정보를 활용하는 협동적 시스템과 '집단지성'에 의해서 새로운 창의와 창조가 더 많이 이뤄진다.

동물의 협동과 사냥

동물의 공동체 생활에서 협동은 집단과 개체에 이익을 준다. 브이(V)자 형태로 무리를 지어 여행하는 철새들은 맨 앞을 나는 새가 일으킨 바람 때문에 뒤따르는 모든 새가 함께 끌려간다. 앞선 힘센 새들의 날갯짓 덕분에 뒤따르는 약한 새들은 23퍼센트가량 힘을 절약할 수 있다고 한다. 수컷 회색고래는 교미를 할 때 미끄러운 암컷의 몸 위에서 쉽게 떨어지므로 서로 도와준다. 또한 집쥐를 우리에 가두고 단추를 건드리면 전기쇼크가 오도록 했더니 전기쇼크를 경험

한 집쥐는 아무것도 모르고 단추를 건드리려는 동료를 멀리 쫓아 위험으로부터 보호한다.[90]

하이에나는 일반적으로 사자, 치타, 수리 등과 같은 맹수들의 사냥감을 도둑질하는 것으로 잘 알려졌지만 사냥도 매우 잘한다. 특히 협동해서 사냥할 때는 매우 큰 짐승을 잡기도 한다. 사냥을 할 때 하이에나는 주로 후각을 이용한다. 다른 동물이 쓰던 굴이나 동굴, 짙은 관목 숲에 보금자리를 틀며, 대개 암컷이 이끄는 가족 단위로 생활하고 수컷들은 흩어져서 생활한다.

호랑이는 혼자서 사냥하기를 좋아하고 사자는 무리 사냥을 선호한다. 아프리카 사자는 초원에서 무리를 지어 사냥한다. 이때 리더는 암사자이다. 사바나의 먹히고 먹는 사슬의 맨 꼭대기에 있는 사자도 혼자서는 가젤뿐만 아니라 들쥐와 사막토끼조차 그리 쉽게 잡지 못한다.

NGC(National Geographic Channel) 다큐멘터리에서 사자들이 사냥하는 것을 보면 밤에 물가로 나오는 코끼리 새끼를 노리는 때도 있다. 20여 마리가 역할 분담을 하며 끈질기게 집중 공격해야만 사냥에 성공할 가능성이 커진다. 사자들의 협동 사냥의 순서는 다음과 같다.

그들은 사냥감이 있을 만한 곳에 몸을 은폐하면서 잠복하고 있다가, 우선 선발대가 목표에 가까이 접근한다. 코끼리 무리로부터 목표로 하는 새끼가 떨어져 나오도록 분산작전을 펼치는 것이다. 이때 무리에서 분리된 새끼를 어미 코끼리가 보호하기 위해 안간힘을 쓰지만 20여 마리의 사자 무리가 덤벼들어 어미와 새끼를 떼어놓고 고립된 사냥감을 집중공격하기 좋은 곳으로 유인한다. 한 사자가 새끼 코끼리의 등에 올라타 목덜미를 물고 놓지 않는다. 이때 다른 사자 무리도 여기저기서 사냥감을 물고 늘어진다. 새끼 코끼리도 발버둥치며 저항해 보지만 점점 기운이 빠져 마침내 주저앉고 만다.

이처럼 먹이사슬의 위에 있든지 아래에 있든지 간에 거의 모든 동물은 생존을 위해 가족이나 종(種) 중심으로 협동과 희생의 모습을 보인다. 강자는 잡아먹기 위해서 협동하고 약자는 잡아먹힐 확률을 낮추기 위해 협동한다. "야구에서 타선의 도움 없이는 승리 투수가 되기 어렵다"는 사실은 우리에게 협동의 필요성을 말해준다. 우리가 팀워크, 팀 스터디, 팀플레이 등 조직 단위의 지혜와 힘이 개인의 그것보다 위력을 발휘하는 세상에서 살고 있다는 사실을 잊어서는 안 된다.

돌고래는 머리가 똑똑할 뿐만 아니라 협동 사냥을 한다. 또한 인간 못지않은 동료애를 발휘한다. 상어는 힘으로 바다를 다스리고 돌고래는 꾀로써 바다를 누비며 산다. 돌고래는 인간 다음으로 지능이 높은 동물이라고 한다. 바다의 영물인 돌고래는 최근 일본 어부들에게 대처하는 방안을 개발했다. 몇 년 전까지만 해도 일본의 어부들은 이 돌고래들을 마구 잡았지만, 이제는 돌고래 사냥 소식이 뜸해졌다. 그것은 일본 어부들이 고래잡이를 포기해서가 아니라 돌고래가 일본의 어부들을 상대하는 방법을 배웠기 때문이다.

이 이야기는 태평양의 돌고래 부대가 고등어나 멸치 등 먹이 떼의 위치를 감지하고 잡아먹기 위해 비슷한 크기의 개체 수가 많은 참치 집단과 동맹을 맺는 것으로 시작한다. 물고기 떼에 대한 포위작전은 참치와 돌고래 모두의 사냥 전술이다. 참치는 우선 길게 늘어선 대열로 먹이 떼에게 헤엄쳐가고 맨 앞에 선 참치들이 맨 끝의 참치들과 만날 때까지 먹잇감을 가운데 두고 원을 그린 다음 전방위에서 집중공격을 시작한다. 하지만 이 방식에서는 대열이 끊어지는 곳이 생기고 많은 먹잇감이 그 틈으로 도망간다.

그러나 돌고래의 방법은 전혀 다르다. 그들은 수효가 훨씬 적은 집단이지만 조직력은 무척 뛰어나다. 돌고래들은 서로 개인적으로 알고 있으며 모두가 초음파 휘파람의 언어를 사용한다. 그래서 틈이 생기면 초음파 언어로 그 사실을 알리고 도움을 요청하거나 명령을 하고 서로 행동을 맞출 수 있다.

이렇게 영리한 돌고래이지만 너무 커서 잡기가 어려운 물고기 떼와 마주칠 때가 있다. 그럴 때는 포위망에 구멍이 생기고 따라서 많은 먹이가 도망을 간다. 그렇지만 돌고래가 참치와 협동작전을 펴면 두 시스템의 단점을 서로 보완할 수 있어서 사냥에서 훨씬 큰 성공을 거둘 수 있다. 바다의 신동 돌고래들은 오래전부터 이렇게 참치들과 협동작전을 펼치고 있다. 그러나 이 성취는 비싼 대가를 요구한다. 돌고래가 참치 집단과 함께 움직이면 자주 공중 뛰기를 하는 습관이 있는데 일본 어부들은 그 모습을 보는 즉시 3,000m에 달하는 원형 그물로 돌고래와 참치 무리를 한꺼번에 포위하여 잡는다.

야생 돌고래는 공중 뛰기의 위험을 인식하고 그것을 피할 방도를 체득한 다음부터 다시 대담한 행동을 보이기 시작했다. 우선 어선의 뱃머리까지는 대담하게 헤엄쳐가지만 배의 뒤편은 절대 가지 않는다. 그들은 그물이 배의 뒤편에서 기중기와 권양기로 끌어올려질 뿐, 뱃머리는 전혀 위험하지 않다는 것을 알아챈 것이다. 그런데 돌고래는 참치 떼와 함께 그물에 갇혀도 공포에 사로잡히지도 않고 유유히 헤엄만 친다. 참치들은 아래로 잠수하여 전력을 다해 그물을 뚫으려고 애를 쓰지만 돌고래들은 이미 오래전에 그물은 바다풀이나 해초와는 달리 완력으로 밀치고 빠져나갈 수 없다는 것을 알아차

렸다. 그래서 돌고래들은 아주 느긋하게 물표면 가까이 머물며 어선이 그물을 당기기 위해 후진기어를 넣는 순간을 기다린다. 그때 배 근처의 그물 윗부분이 약 20초 정도 아래로 내려가는데 돌고래들은 그 틈을 이용하여 한 마리씩 전혀 서두르지 않고 날렵하게 밖으로 빠져나온다. 그런 다음에는 곧바로 "약 오르지?"라고 말하는 듯이 서너 차례 공중 뛰기를 하면서 바닷속으로 사라진다.[91]

목적을 이루기 위해 먼저 참치와 동맹을 맺고 그것만으로 부족한 것은 경험에 따른 학습효과를 이용하는 돌고래의 지혜가 놀랍다. 그리고 대탈출의 결정적인 순간, 즉 '진실의 순간(moment of truth)'을 숨죽이며 기다리는 인내와 결단력이 대견하지 않은가! 오늘도 저 넓은 태평양에서 일본 어부와 생존 게임을 하는 돌고래들에게 응원을 보낸다.

무리 간의 전쟁을 할 때나 혹은 우두머리가 되기 위한 권력투쟁에서 침팬지는 목적 달성을 위해 어제의 정적과도 제휴한다는 사실이 이미 밝혀졌다. 그래서 동물과 인간은 사회적 동물로서 제휴의 본능이 있다는 설명이 나오기도 한다.

기업의 협력과 제휴는 상호 이익을 얻는다는 판단 아래 이루어진다. 서로의 약점을 보완하거나 심지어는 세계제패를 위해 강자 간의 연합전선을 구축하여 경쟁력을 키우는 상생(win-win) 게임인 셈이다. 상생·협력의 모습은 경영과 마케팅, 경영정보, 기술개발, 그리고 파트너십의 기반구축, 노사협력, 노노협력 등 경영 전반에 걸

174

쳐 나타난다.

　심지어는 '적과의 동침'도 마다하지 않는 경향을 보인다. GMC와 도요타자동차 간의 전략적 기술제휴가 있었고 삼성과 소니의 교차 특허사용계약(cross licensing)도 있었다. 노키아와 마이크로소프트 (MS) 간의 휴대전화 음악서비스 제휴라든지, 애플 아이폰에 대응하여 기술의 글로벌 표준화를 도모하기 위한 구글과 삼성전자, 구글과 SKT 등 안드로이드폰의 연합전선 형성도 그 실례라 하겠다.

동·식물의 헌신과 희생정신

　대평원에 들불이 휩쓸고 갔을 때 당장은 모든 풀이 다 타 죽는다. 그러나 머지않아 그 재가 밑거름이 되어 땅속의 타지 않은 뿌리에서 새싹이 돋아나 왕성하게 풀이 자란다. 그리하여 초식동물들이 번식하고 연쇄적으로 육식동물도 몰려든다. 이처럼 동물들에게 짓밟히고 뜯어 먹혀 개체는 사라져도 식물의 군락은 머지않아 복원되는 강인한 생명력을 보인다. 헌신의 대표적인 동물의 예는 일벌을 들 수 있고 희생의 예로 난쟁이 몽구스, 줄무늬다람쥐, 그리고 미어캣 등이 머릿속에 떠오른다. 지면관계로 여기서는 난쟁이 몽구스만 살펴보기로 한다.

아프리카 동부와 남서부에 사는 난쟁이몽구스는 평생 일부일체제로 사는 젖먹이 동물로 12마리 정도씩 무리지어 산다. 난쟁이몽구스들은 독이 있는 뱀이나 지네, 전갈에 물려 병든 동료를 헌신적으로 간호하여 건강을 회복하게 해준다. 그들은 병든 동료가 건강을 회복하고 자리에서 일어날 때까지 몸을 따뜻하게 덮어주고 마사지를 해주고 맛있는 먹이와 최상의 잠자리를 제공하며 그 곁을 떠나지 않고 지킨다. 난쟁이몽구스들은 새벽부터 저녁때까지 먹이를 찾는 동안에는 계속 파수꾼을 세운다. 파수꾼은 독수리나 독사 같은 적들이 다가오면 "꾸우", "꾸우" 하며 경보를 울린다.

파수꾼은 흰개미 언덕의 꼭대기처럼 드러난 장소에 있어야 하므로 적이 공격해올 때 가장 큰 위험에 처한다. 따라서 무리는 구하고 스스로는 죽을 수도 있는 위험한 임무이다. 파수꾼 덕분에 다른 무리는 먹이를 찾는 데 전념할 수 있지만, 자신은 굶주려야 한다. 난쟁이몽구스의 67%가 파수를 보다 죽는다. 그런 파수꾼 역할을 하며 동료를 돕는 까닭은 그렇지 않으면, 공동체가 멸망하고 그로 말미암아 자기도 몰락하기 때문이다.[92] "동물의 이타주의는 무엇을 의미하는가?"에 대한 '이기적 유전자에 관한 이론'은 그것이 제기된 배경을 알 때 그 가치를 올바로 평가할 수 있다.

20세기 중반까지만 해도 동물학자들 사이에서 동물왕국에서의 협조란 불가능한 현상이라는 견해가 팽배했었다. 동물학계를 지배했던 다윈주의(Darwinism)는 생존을 위한 투쟁을 요구했고 힘, 권력, 극단적인 이기주의만이 강자가 약자를 이기게 하며 생존의 기회를 제공하는 것으로 이해되었다.

그러나 1964년 윌리엄 해밀턴(W.D. Hamilton)이 다윈의 이론을 몰아적(沒我的) 행동과 결합하는 작업에 성공하였다. 그리고 그의 동료 리차드 도킨스(R. Dawkins)가 1979년에 『이기적 유전자(The Selfish Gene)』를 출간하여 동물의 자기희생의 모습도 새롭게 밝혀냈다. 그들 이론의 핵심은, 개별 동물들은 타고난 유전자가 이기적인 이익을 볼 때만 몰아적으로 행동한다는 것이다. 낯선 개미들의 침입에 대항하여 무리를 지키기 위해 목숨을 바치는 흰개미 병사는 그 행위로 스스로는 아무런 이익을 얻지 못하지만, 유전자의 관점에서 보자면 이기적인 이익을 얻는 것이다. 수백만 마리의 흰개미는 모두가 가까운 친척들이기 때문에 그가 목숨을 바쳐 구한 왕과 왕비 그리고 수많은 일개미를 통해 그의 유전자는 살아남는다.

해밀턴의 법칙은 근친도, 즉 유전자를 제공하는 쪽의 손해, 그리고 받는 쪽의 혜택을 종합하여 판단하면 이타주의와 이기주의 중에서 어떤 사회 행동이 나타날지 예측할 수 있다는 것이다. 그런데 최근의 연구결과, 친형제라도 따지고 보면 유전자를 공유할 확률은 반반이라는 사실이 밝혀졌다. 따라서 많은 상황에서 개체는 '자신의 이익을 추구할 것인지 혹은 가까운 혈족의 이익을 추구할 것인지' 사이에서 힘겨운 결정을 내려야 한다. 게다가 인간은 다른 어느 동물보다 문화적 존재이기 때문에 생물학적 이타주의와 심리적 이타주의를 바로 연결하기 어려운 때도 있다. 그 예로 인간은 때때로 명예나 평판을 생각해서 양보와 희생을 할 줄 아는 존재이다.[93]

난쟁이몽구스의 비상 신호와 흰개미 병사의 희생은 우리 인간의 심금을 울린다. 자신이 속한 공동체를 살리기 위해 개인이 헌신적으로 이바지하는 모습은 때로는 동물의 '이기적 이타주의'로 설명할 수 있을 것이다. 당신의 헌신으로 당신이 일하고 있는 조직이 잘 되면, 결국 당신이 잘되는 것이라는 논리이다. 물론 이러한 논리가 집단적 전체주의를 표방하는 쪽으로 흘러서는 안 된다.

소속감과 애사심이 넘쳐흐르는 기업 집단은 그렇지 못한 집단과의 경쟁에서 이겨 더욱 융성할 것이며, 조직문화도 한 차원 높게 진화할 것이다. 제품에 대한 고객의 충성심(brand loyalty of customer)은 내부고객인 구성원의 애사심(organizational loyalty of inside customer)에서부터 나온다고 본다. 내가 만든 상품을 내가 사랑하지 않는다면, 누가 대신 사랑해주겠는가? 마찬가지로 내 민족, 내 조국을 내가 목숨을 걸고 지키지 않는다면 누가 지켜줄까?

매몰된 칠레 광부들과 구출대원들의 헌신적 사랑

자식을 구하기 위해 거의 본능적으로 불 속에 뛰어드는 모성애라든지 최근 칠레 광부들의 희생적인 동지애의 모습은 이타주의 앞에 굳이 '이기적'이라는 단서를 붙여야 하는지 의문이 가지 않을 수 없다. 소중한 생명의 생환에 대한 간절한 기원과 협력이 기적의 감동을 인류에게 준 이 이야기는 이념이나 인종과 국경을 넘어 온 인류가 한마음 한뜻으로 애타게 기원한 매몰광부의 생환이 69일 만에 33명 전원 생환이라는 기적의 순간을 맞았다. 온 인류가 감동과 기쁨의 눈물을 흘리면서 생중계 방송의 화면을 지켜보면서 말이다.

갱도가 무너져 68일 동안 지하 622m의 암흑 속에서 구조를 기다리던 33명의 광부가 마침내 지상으로 나올 캡슐에 오르게 됐다. 한 번에 한 명씩만 탈 수 있는 캡슐의 탑승 순서를 결정해야 하는데 그들은 서로 먼저 타라고 동료에게 순서를 양보했다. 그래서 가장 최선의 탑승 순서를 결정할 수 있었다. 지상에서도 그들을 구하기 위해 수많은 사람이 지혜와 기술을 동원하고 온갖 정성을 다했다. 참 아름다운 모습이다. 미국에선 최신 굴착기를 보내 구조 일정을 훨씬 앞당길 수 있게 도왔다. 특히 탐침기를 이용해 광부들이 매몰된 갱도의 바로 위를 17일 만에 찾아낸 지형학자 마카레나 발데스의 노력이 눈부셨다.

매몰 초기엔 대원들이 평정심을 잃었다. 대원들 간에 탈출 방법 등을 놓고 세 그룹으로 분열되어 주먹다짐하는 갈등 상황도 있었다. 하지만 생존사실이 17일 만에 밖에 알려지고 교신과 구호가 시작되자 삶의 희망이 생겼고 이때부터 작업반장을 중심으로 탈출을 위한 본격적인 활동에 합심협력을 하게 됐다.

볼리비아 출신 광부 한 사람의 구출을 돕고 직접 만나보러 현장에

온 볼리비아 대통령은 칠레 대통령과 서로 격려하며 구출 성공의 기쁨을 나눴다. 그 이전까지 두 나라 사이는 거의 적대관계였다는데 말이다.

칠레 광부들의 생환은 그들 자신의 강인한 탈출 의지와 바깥사람들의 끈질긴 구조 노력이 동시에 만들어낸 성과라고 볼 수 있다. 마치 알을 품은 지 21일 만에 알을 깨고 나오려고 여린 부리로 껍데기를 쪼는 병아리의 '줄'과 밖에서 기다렸다며 거의 동시에 부리로 알 껍데기를 깨는 어미 닭의 '탁'으로써 새로운 생명을 맞이하는 장면을 연상케 한다. 다시 말해 인간이 몸소 연출한 '줄탁동시(啐啄同時)'의 멋진 하모니를 본 셈이다.

이처럼 목숨을 건 6명의 구조특공대와 밖에서의 헌신적인 구조활동, 그리고 동료 간에 탈출순서를 양보하는 모습은 동물의 세계에서의 호혜적 협동의 차원을 넘는 것이 아니겠는가.

임팔라영양들이 몸단장을 하면서 서로 품앗이를 하듯 진드기를 번갈아 잡아준다든지, 흡혈박쥐가 피를 구하지 못한 다른 박쥐를 위해 자신의 피를 나누어 주는 이른바 헌혈을 하는 것도 호혜적 협동 이상의 것이라고 말할 수 있다. 더군다나 이것은 돌고래와 참치에서 보는 전략적 동맹처럼 조건이 붙지도 않는다.

또한 자신이 속한 공동체를 살리기 위해 희생을 각오하면서 위험한 파수꾼 역할을 기꺼이 감수하는 난쟁이몽구스나 흰개미 병사의 희생은 '이기적 이타주의'에 해당한다고 말할 수밖에 없다. 그런데 적어도 이번 칠레 광부의 구출을 위해 목숨을 걸고 지하 현장에 들어간 구조대원들과 생명의 구조 캡슐을 서로 양보한 대원들의 행위는 정서적인 측면에서 볼 때 그냥 '조건 없는 이타주의'요, '조건 없는 사랑(Agape)' 이라고 말하고 싶다.

사람은 일부러 밑지는 행위를 할 줄 알고, 자신의 소중한 장기를 모르는 사람에게 조건 없이 공짜로 나눠주기도 한다. 심지어는 보다 좋은 세상을 만들고 지키기 위해 자신의 목숨까지 기꺼이 바치는 사람도 있다. 그러한 사람은 마침내 신의 경지에 들어간 것이 아닐까.

공진화·공생을 꾀하라

사회적 상호작용의 3가지 형태로 볼 때 공생은 협동의 모습이요, 공진화는 경쟁의 과정이자 결과라고 볼 수 있다. 그러나 공진화의 결과는 공생으로 나타나는 경우가 많으므로 개념상 구분될 뿐 실제로는 공진화와 공생이 겹쳐서 구분하기 어려울 때도 있다.

'만물의 영장'이요, '먹이사슬'의 꼭대기에 있는 인간의 위상과 역할을 깎아내리자는 것이 아니라 '동·식물도 의미 있는 소중한 존재'라는 사실을 인식하고 '동·식물이 없으면 인간도 살지 못한다'는 자연의 법칙, 곧 공생의 원리도 함께 살펴보자.

공진화 : '레드퀸 효과'

임팔라영양과 치타는 달리기를 위한 유전자의 발전에 서로 이바지해왔다. 아프리카 초원에서 임팔라영양의 영원한 천적은 치타이다. 임팔라영양은 사자도 따돌릴 수 있는 능력을 지녔지만, 치타에게는 역부족이다. 시속 110km의 속력으로 덤벼드니 웬만한 거리에선 꼼짝 못한다. 그러나 치타 입장에선 임팔라영양이 간단치가 않다. 처음 5~6초가 지나면 치타의 속력이 뚝 떨어지는데다가 영양이 이리저리로 몸을 틀며 달아나기 때문에 허탕치는 경우가 많다. 실제로 영양에 대한 치타의 사냥 성공률은 그리 높은 편이 아니다. 잽싼 영양을 사냥하기 위하여 줄기차게 노력한 결과가 지금의 치타로 거듭났다. 임팔라영양도 그랬다. 살기 위해 죽어라 도망치는 법을 배웠기에 적당한 거리만 유지되면 사자를 봐도 그리 겁을 내지 않게 되었다. 서로가 생존하기 위한 몸부림이 지금의 치타와 영양을 만든 셈이다. 진화론적으로 이를 공진화(共進化, co-evolution)라 한다. 함께 살며 서로 자극해 진화했다는 말이다.[94]

공진화를 함에 있어 한 종의 유전적 변화는 다른 종의 유전적 변화에 매우 중요하게 작용한다. 물론 한 군집 내에서 상호작용하는 모든 종은 서로에게 영향을 줄 잠재력을 가지며, 모두 함께 진화한다. 공진화는 '레드퀸 효과(Red Queen Effect)'로 불린다. 레드퀸은 『이상한 나라의 앨리스』의 저자로 널리 알려진 루이스 캐럴의 『거울을 통하여』라는 소설에 등장하는 인물이다. 이 소설에서 레드퀸(여왕)은 앨리스의 손을 잡고 숲 속으로 달려간다. 그러나 앨리스는 한 발짝도 나아가지 못하는 것처럼 느끼게 되고, 그 까닭을 여왕에게 묻는다. 여왕은 의아스런 눈빛으로 이렇게 말한다.

"제자리에 머물기 위해서는 온 힘을 다해 뛰어야 한다. 만약 다른 곳으로 가기 위해선 지금보다 최소한 두 배는 빨라야 한다."

여왕은 계속해서 뛰고 있지만 지상의 모든 것이 그녀와 함께 뛰고 있어서 결국은 아무 데도 도달하지 못한다. 소설 속 여왕이 내세운 가설은 생물학자들의 공진화 이론으로 체계화됐고, 그 결과 '레드퀸 효과' 라는 용어가 미국의 생물학자 리 반 발렌(Leigh Van Valen)에 의해서 만들어졌다. 발렌은 진화에 대한 개념을 정립하며 어떤 종이 현재 환경에 잘 적응하고 있더라도, 계속해서 진화해야만 현재 진화하고 있는 경쟁자들이나 적들을 따라잡을 수 있다는 것을 설명하기 위해 붉은 여왕의 은유를 사용했다. '붉은 여왕 이론' 은 아무것도 하지 않으면 당연히 도태되고, 피나는 노력을 해도 현 상태를 유지하는 정도에 불과한 치열한 경쟁 환경을 가리킨다.

여왕의 말은 생태계에서 분명한 진리이다. 치타 1세대가 달리기에 만족했다면 치타 2~3세대는 이미 능숙하고 능란하게 달아나는 법을 배운 영양을 더 사냥하지 못해 굶어 죽었을 것이다. 그 반대였다면 영양도 일찍이 치타의 먹잇감으로 멸종했을 것이다. 둘 다 뛰고 달렸기 때문에 지금의 자리를 지킬 수 있었다. 치타의 스피드와 날카로운 발톱, 여기에 대응하는 임팔라영양의 순발력과 끈질긴 발굽은 공진화의 술래잡기를 보는 듯하다.

경쟁이 있는 곳에선 이 같은 규칙이 그대로 적용된다. 경제, 경영계는 물론이고 지역사회나 국가, 그리고 국제관계도 마찬가지이다. 개인이든 팀이든 경쟁의 세계에서는 다 적용되는 것이다. 축구선수는 팀의 승리를 위해 협동해야 하지만 벤치에서 구경만 하는 신세를 면하고 '베스트 11'에 들기 위해서는 동료와 경쟁하지 않을 수 없다. 그러므로 최소한 제자리를 지키기 위해서라도 뛰어야 한다. 더 나아가 경쟁에서 이기기 위해선 여왕의 지적대로 열심히 뛰는 것만으론 부족하다. 두 배 이상 노력해야 한다.

B(birth)와 D(death) 사이의 문자가 C(choice)다. 창조적 파괴를 위한 선택이 중요하다. 12세기 유대 철학자 마이모니데스는 『방황하는 자를 위한 지침』이라는 책에서 창조는 파괴를 통해서만 이루어진다고 하면서 "개체의 파괴 없이 종족 보존은 있을 수 없다"고 말했다. 곧 자기혁신을 통한 경쟁력 확보가 필요하다는 뜻이다.[95]

치타와 임팔라영양이 공존하려면 공진화의 참된 뜻에 따라야 할 것이다. 생존경쟁 속에서 우수한 종만이 살아남는다는 다윈의 초기 진화론은 너무 이기주의에 치우쳤다는 것이다. 이러한 '적자생존' 방식과 철저한 이기주의는 동물과 인간사회에서 치열한 경쟁과 갈등을 불러 일으켜 궁극적으로 항상성을 유지하고 있는 지구의 생태계를 위태롭게 할 수 있다. 그래서 다윈 자신도 『종의 기원』 이후 협동과 이타적 자연 현상을 보고하면서 '종' 차원의 진화 개념을 수정·보완하였다. 공진화 개념은 갈등과 대립이 존재하는 것 자체는 정상상태로 인정하지만 승자를 정하는 것이 아니라 무승부, 곧 비김의 상태에서 서로 협동하고 공존하는 것을 통해 새로운 세계를 만들어낼 수 있다.

대기업이 치타라면 중소 협력업체는 임팔라영양에 비유할 수 있다. 자동차 회사의 경우 수천 개의 부품회사와 조립회사 간의 관계는 각자의 발전 노력이 상호 영향을 준다. 어느 한 쪽만 지속적으로 잘될 수 없는 상호의존과 공진화의 짝꿍이다. 그러므로 대기업과 중소기업은 둘 다 '동반 성장'을 해야 한다.

지금 이 시각에도 대초원에서는 생존경쟁의 자연법칙이 펼쳐지고 있지만, 동시에 '자제와 공존의 법칙'(K. Lorenz의 말)도 있다는 사실을 상기해보자. 당신의 라이벌은 항상 땅 따먹기 같은 제로섬 게임의 상대가 아니라 같은 산업을 함께 키우는 플러스섬 게임의 협력자요 당신의 발전의 촉매제이기도 하다. 따라서 기업의 '가치사슬' 속에서 관련된 기업을 하나의 '먹이사슬'로 생각하기에 앞서 '먹이창출의 파트너'로 생각하는 자세가 바람직할 것이다. 경영자와 노동자는 서로 본받을 만한 자극을 줄 때 '레드퀸 효과'를 기대할 수 있을 것이며, 같은 팀 내의 사원관계는 선의의 경쟁자이면서 또한 협력자일 수밖에 없다는 사실도 유의해야 하겠다.

🐦 공생

"우리 서로 사랑하게 해 주세요." 공생 이야기

동백나무의 아주 독특한 점은 수분을 하는 데 벌과 나무가 아닌 새의 힘을 빌리는 조매화(鳥媒花)라는 것이다. 크고 화려한 꽃이 많은 열대지방에서는 이러한 조매화를 간혹 볼 수 있다. 그러나 우리나라에서는 동백나무가 거의 유일한 조매화인 것 같다. 동백나무의 꿀을 먹고 사는 이 새는 이름도 동박새이다. 동백나무에는 꿀이 많이 나므로 벌과 나비가 찾아오지 않는 것은 아니지만, 꽃이 피는 한겨울은 곤충이 활동하기에 너무 이른 계절이므로 녹색, 황금색, 흰색 깃털이 아름다운 작은 동박새가 주로 그 임무를 맡는다.[96]

생물계는 나 홀로 존재하는 것이 없다. 서로 더불어 한 코, 한 땀으로 얽혀 산다. 말 그대로 상생하며 공생한다. 공생이란 '서로 다른 종의 생물이 생리적·행동적으로 이익을 주고받으며 살아가는 관계'이다. 공생 관계하면 흔히 우리는 개미와 진딧물, 말미잘과 흰동가리, 악어와 악어새처럼 서로가 이익을 주고받으며 공존하는 상리공생을 떠올린다. 또 상어의 몸에 달라붙는 빨판물고기와 상어처럼 한쪽은 이익을 얻지만 다른 쪽은 이익도 해도 없는 편리공생 관계도 있다. 빨판물고기는 상어에게 아무 이익을 주지 않고 커다란 상어가 먹고 남은 음식을 쫓아다니며 받아먹을 뿐이다. 상리공생이나 편리

공생을 하는 모든 생물은 원래 한정된 자원을 서로 차지하기 위한 경쟁 관계였을 가능성이 크다. 그러나 어느 순간 서로 도움을 주는 편이 생존가능성을 높여준다고 판단하여 삶의 방향을 전환했을 것이다.

공생의 세계는 거대한 그물망에 비유할 수 있다. 그물코 하나하나는 결코 홀로 존재하지 않고 다른 그물코에 의존해 있다. 만약 하나의 그물코가 풀리면 다른 그물코도 온전할 수 없기 때문이다. 생명의 그물망은 하나하나의 그물코가 유기적으로 연관된 거대한 체계이다. 네가 없이는 내가 없고, 내가 없이는 네가 없다는 말이다. 뭇 생명체들이 서로 없어서는 못사는 '함께 살이(공생)'를 하는 것이다.

따뜻한 자본주의를 실현하라

배려와 나눔은 아름답다

마이크로소프트의 전 회장 빌 게이츠는 사회적 책임을 다하는 창조적 자본주의를 강조한다. 세계 제2의 갑부인 그는 2000년 부인 멜린다와 함께 게이츠 재단을 만들어 자신이 번 돈을 사회에 환원하고 있으며, 또 다른 세계 갑부인 워런 버핏도 이 재단에 동참하고 있다. 최근에는 1억 달러 이상의 미국 40대 부자들이 생전이나 생후에 자기 재산의 절반 이상을 사회에 환원하기로 게이츠 재단에 약속한 바 있다. 이처럼 오늘날 자본가들은 이윤을 극대화하면서도 그 수익을 사회에 환원하는 따뜻한 자본주의를 실현하려고 노력한다.

21세기에 들어와 기업의 사회적 책임 투자(SRI : social responsibility investment)와 사회적 반응이 기업윤리의 화두로 떠오르고 있다. 더 나아가 이윤을 추구하되, 사회 기여를 목적으로 탄생하고 활동하는 '사회적 기업(social enterprise)'이 활기를 띠고 있는 것은 사회 일각에 잠재된 반(反)기업 정서를 불식하는 데도 도움이 된다는 시각에서 볼 때 바람직한 일이다.

최근 세계적 금융위기 및 실물경기의 불황은 주주이익의 극대화에 초점을 둔 이른바 신자유주의적 자본주의에 경종을 울리고 개인과 기업의 사회적 책임투자와 공헌을 강력하게 바라는 '따뜻한 자본주의'로 나아가고 있다. 그리고 주주 가치 중심의 경영에서 고객(소비자) 지향적 마케팅에 충실한 경영으로 전환하는 기업이 잘된다는 실증적 사실이 점증함에 따라 이른바 '고객 자본주의' 시대가 열리고 있는 것이다. 이것이 곧 시장의 중심에 소비자를 두는 자본주의이다. 글로벌 기업인 P&G, J&J를 비롯하여 삼성전자, LG전자뿐만 아니라 모든 산업의 여러 기업이 이 대열에 합류하고 있다.

게다가 대기업과 중소기업 간의 상생도 돋보인다. 포스코는 "기업 성장은 공존이 우선"이라면서 공급사에 연구원을 파견하여 두뇌를 지원한다. 삼성전자는 협력사와의 '상생경영 7대 실천방안'으로 펀드 조성과 사급(賜給)제도[97] 등을 내놓았다. 기업은행과 공동으로 1조 원 규모의 '협력사 지원펀드'를 조성하고 협력사가 사용할 원자재를 삼성전자가 일괄 구매해 협력사에 제공하는 사급제도를 도입한다. 이 제도를 도입하면 협력업체는 원자재 가격변동에 영향을 받지 않을 수 있다.

포스코를 비롯하여 삼성, 현대차, SK는 사회적 기업을 설립·운영함으로써 일자리 창출에도 이바지한다. 뜻있는 기업들은 정도의 차이는 있지만 이와 비슷한 협력모델을 갖고 실현하고 있다. 또 기업은 기획에서 생산 이용 단계에 이르기까지 소비자의 의견을 적극적으로 반영하는 모습을 보인다. 특히 휴대전화 업계에서 이러한 고객과 기업 간의 공동작업의 모습을 흔히 볼 수 있다. 애플 앱(application)의 아이디어 중 25만 개 이상이 소비자에게서 나왔다.

그러나 사실상 상생과는 반대 방향으로 움직이는 모습도 없지 않다. 예컨대 기업형 슈퍼마켓인 SSM(super supermarket)이 최근 몇 년동안 교묘하게 편법까지 써가며 동네 골목까지 점령하기 시작했다.[98] 이것은 마치 연안 어장에서 큰 어선이 저인망으로 치어까지 싹쓸이하는 모습과 같다고 말할 수 있지 않을까. 그동안 정부가 SSM의 규제에 적극적으로 나서지 못한 까닭은 WTO(세계무역기구)의 국제 통상 규범에 어긋난다거나 한·EU FTA(자유무역협정) 체결에 걸림돌이 된다는 주장에 밀려 국회에서 관련 법안이 통과되지 못했었기 때문이다.

2010년 11월에 마침내 관련법들이 개정됐다. 개정된 유통법은 재래시장으로부터 500m 이내에 SSM이 입점할 때는 지방자치단체의 허가를 받도록 했고, 상생법(대·중소기업 상생협력촉진법)은 대기업의 투자 지분이 51% 이상인 SSM 프랜차이즈 사업도 사업조정 신청 대상이 되도록 했다. 이렇게 골목길 영세상인들을 보호하기 위한 이

법들이 만들어져 발효됐지만, 그 실효성에는 한계가 있었다. 동네 골목에서 중소상인의 입지는 이미 자리 잡은 대기업의 SSM과 비교해볼 때 자본과 경영능력 면에서 열세일 수밖에 없었고, 이미 동네마다 목 좋은 곳엔 SSM이 들어서 있거나 인근에 대안을 마련한 대기업들이 있기 때문이다.

정부나 지방자치단체가 법으로 시장경제에 너무 깊이 관여하는 것도 또 다른 문제를 낳을 수 있다. 그러므로 서민들의 원성에 따라 정부가 더 심하게 관여하기에 앞서 관련 기업의 자율과 자제가 요구된다. 자사 점포의 집중효과에 앞서 전략적 사업단위(SBU)의 구성이라는 차원에서 대기업은 '자기잠식(self-inroad)' 의 결과도 고려해봐야 한다. 예를 들어 중·대형 Q마트 인근에 소형 Q슈퍼마켓을 개점하면 기존의 Q마트 고객을 조금이라도 잃게 될 것이다. 문어발식 유통 계열의 확장은 기업그룹 전체의 이미지가 나빠져서 결국 자기 계열사의 매출 손실로 이어지거나 '안티 기업 운동' 에 부딪칠지도 모른다.

여기에서 근본 문제는 사회안전망의 구축에 있으므로 법과 경제논리보다 사회논리 및 기업윤리로 풀어나가야 한다. 이때 유의할 점은 경쟁적 약자에게 너무 공짜(무상) 혜택이 많이 돌아가도 안 된다는 것이다. 공짜는 당장은 좋을지 모르지만 자생력을 잃어버릴 우려가 크기 때문이다. "공짜 치즈는 쥐덫에만 있다"는 러시아 속담도 되새겨 볼 만하다.

동네 골목에서 유통업의 생태계는, 대기업이 새로운 시장진입을

192

자제한 가운데 주로 재래시장과 영세한 자영업체들을 위한 생업 시장으로 놓아두는 게 바람직하다. 고래장수가 새우를 팔지 말라는 법이 없지만, 고래장수다운 전문화와 위격을 갖추는 것이 그 지역사회에서 두고두고 신뢰받으며 존속하는 길이다.

사랑, 배려, 그리고 나눔의 미덕이 '따뜻한 자본주의' 의 키워드이다. 미래의 리더는 독불장군이 되어서는 안 되며, 또한 혼자만 잘살려고 해도 안 된다. 먹이를 독차지하려고 하면 주변에 많은 적을 낳아 그들의 공격을 받기 쉽다. 따라서 리더는 될 수 있는 대로 다른 사람(조직)과 같이 잘되는 방향으로 생각하며 행동해야 한다. 어느 분야에서든지 행복한 성공의 길을 가려면 이러한 공존공영의 시대정신과 사회적 바람을 인식하고 균형감각과 포용력을 가진 리더십이 반드시 필요할 것이다.

나눔의 미학을 실천하라

평생토록 얻은 소유물은 죽기 전에 적절한 수준과 방법으로 사회에 환원하는 게 좋다. 생전에 사랑과 헌신을 통해 나누는 삶은 아름답다. 남을 사랑하며 돕는 게 자신의 마음을 편안하게 만들며, 그때 우뇌가 활성화되어 얼굴에 미소가 감돌게 된다. 더불어 자신의 위신과 평판도 좋게 만든다. 그러니까 남을 돕는 게 곧 자신을 돕는다는 이야기가 되며, 자선행위는 이기적 이타주의의 발로라고 봐도 괜찮지 않을까. 물론 순수한 이타주의로 승화될 수도 있을 것이다. '행복한 성공인'이라는 평가는 인생의 어느 단계에서 우선 본인 스스로가 자신 있어야 하고, 남들도 고개를 끄덕이며 인정하는 박수를 보낼 때 비로소 얻어지는 것이다.

이조 후기 300년 동안 경주 최씨 부자(최진립에서 최준까지 12대) 가문에서는 "재산은 만 석 이상 지니지 마라. 사방 백 리 안에 굶어 죽는 사람이 없게 하라. 과객을 푸대접하지 마라. 흉년에는 땅을 사지 마라. 과거를 보되, 진사 이상은 하지 마라" 등의 가훈을 세우고 이를 철저히 실행한 것으로 유명하다. 노블레스 오블리주의 표본이 아닐 수 없다.

나누는 방법은 내 가족을 비롯하여 이웃에게 따뜻한 손길을 주고 진심으로 반갑게 미소를 짓는 것만으로도 충분할 수 있다. 나의 형편과 능력에 맞춰 적절한 방식으로 나누면 된다. 돈이나 지식, 노력 봉사 등 다 괜찮다. 몸이 불편한 사람에게 손발이 돼주고 마음이 아픈 사람에게 위로와 기도를 해준다든지 어느 분야에서 후배를 위해 멘토 역할을 해도 좋다. 연구 중인 사람은 지금 당장 나눠주는 일을 못하더라도 나중에 가치 있는 연구결과를 사회에 돌려주면 되지 않을까?

식물도 제 형제를 알아보며 자신의 뿌리만을 늘리지 않고 양보한다는 사실이 2007년에 밝혀졌다.[99] 이어서 2008년에도 "식물(해마강초)도 자기의 친척을 식별해 다른 식물에 비해 다르게 반응하는 등 '비밀스러운 사회생활' 을 영위하고 있다"고 「뉴욕타임스」가 보도했다.

이 신문은 캐나다 맥매스터 대학교 연구팀의 조사결과, 북미 오대호 주변에 서식하는 해마강초(Cakile edentula)가 자기 가족을 식별하는 동물처럼 한 모체에서 나온 직계 식물을 구분하는 것으로 나타났다고 전했다. 또한 이에 덧붙여 한 개체가 그 친척을 인지하면 친척을 도와줄 수 있다는 사실은 진화론적으로도 매우 민감한 행동이라고 지적하며, 이어서 많은 동물이 친척을 알아보지 못하는 것을 고려할 때 식물이 친척을 알아본다는 이번 연구결과는 놀라움을 지나 충격적이라고 평가했다.

맥매스터 연구팀의 이번 연구결과는 해마강초는 주변에 다른 종의 식물을 감지하면 토양의 영양소를 흡수하는 뿌리를 공격적으로 확대하는 반면 한 모체에서 나온 직계 식물에는 물과 양분을 양보하는 모습을 보이고 있다는 것이다. 이는 해마강초가 자기의 친척에게 일종의 특혜를 주는 것으로 식물도 비밀스러운 사회생활을 하고 있음을 보여주는 증거라고 밝혔다. 연구를 주도한 수전 더들리 박사는 2009년 추가 연구를 통해 다른 3종의 식물이 해마강초처럼 자신의 친척을 인식한다는 증거를 발견했다고 말했다.

뉴질랜드 산속에 사는 야생조류 케아(높은 산 앵무새의 별명)는 협동과 나눔의 삶을 산다. 케아는 먹잇감을 구할 때 협동하고 눈 속에서 굶어 죽을 지경에 이르렀다 하더라도 누군가 먹이를 발견하면 아무리 적은 양이라도 무리와 함께 기꺼이 나눠 먹는다. 특히 어린 새끼들을 먼저 배려한다.[100] 케아의 나눔이 돋보이는 대목이다. 뿔논병아리는 자신의 깃털을 뽑아 새끼에게 나눠주면서 암수가 교대로 먹이를 찾아 먹인다. 반면 사자는 암컷이 사냥을 주도하되 힘센 수컷과 암컷이 먼저 먹고 난 다음 다른 가족이 나눠 먹는다. 늑대는 협동사냥을 한 다음 거의 동시에 가족들의 식사가 함께 이뤄진다. 이러한 모습들을 볼 때 동물 중에서 '나눔의 으뜸상'은 케아와 뿔논병아리의 공동수상이 아닐까.

감나무에 남긴 까치밥 이야기는 사람들이 나눔의 미학을 한 폭의 그림으로 나타낸 듯하다. 예로부터 우리나라 사람들은 늦가을에 감나무에 달린 감을 다 따지 않고 일부러 까치의 몫으로 몇 개씩 남겨둔다. 우리 집 앞 조그만 텃밭의 감나무에도 까치밥을 먹으려고 까치나 직박구리 같은 새가 정말 해마다 찾아온다. 그들은 서리 맞아 녹 익은 감을 비교적 큰 부리로 쿡쿡 찔러보듯 파먹고 휙 날아간다. 그러면 참새랑 박새랑 조그만 새들이 날아와서 온 종일 터진 감물을 쪽쪽 빨아 먹곤 한다. 그렇다. 가진 자가 못 가진 자에게 무조건 먼저 나누어 주는 것이다. 남에 대한 배려는 결국 자신에게도 이롭다고 본다면 앞에서 본 동물의 '이기적 이타주의'와도 일맥상통하는 바가 있는 셈이다.

나폴레온 힐의 『성공의 법칙』에 의하면, '신의 경제학'은 아주 간단하다. 자신이 준 만큼 받는 것이다. 이는 대가를 바라고 주는 것이 아니라 순수하게 베푸는 것을 말한다. 꼭 물질적인 면뿐 아니라 우리가 누리는 행복과 사람에 대한 친절 등을 위해서도 이 법칙은 적용되어야 하겠다. 바로 이것이 우리가 이뤄내야 할 참된 성공의 라스트 골이기도 하다.[101]

무재칠시(無財七施), 오병이어 그리고 자카트

이웃을 사랑하고 그들에게 자선을 베풀며 살라는 것은 세계 3대 종교인 그리스도교, 불교, 이슬람교의 공통된 교리로 여겨진다. 사랑과 나눔의 동산이 곧 천당이요, 미움과 욕심의 세상은 곧 지옥이라는 가르침인가 보다. 세 종교에서 나오는 나눔의 교리를 몇 가지씩만 선별해서 살펴본다.

석가모니의 무재칠시

어떤 이가 석가모니를 찾아가 대화를 나눴다.

"저는 하는 일마다 제대로 되는 일이 없으니 이 무슨 이유입니까?"

"그것은 네가 남에게 베풀지 않았기 때문이니라."

"저는 아무것도 가진 것이 없는 빈털터리입니다. 남에게 줄 것이 있어야 주지 뭘 준단 말입니까?"

"그렇지 않느니라. 아무 재산이 없더라도 줄 수 있는 일곱 가지는 있는 것이다. 네가 이 일곱 가지를 행하여 습관이 붙으면 너에게 행운이 따르리라. 첫째는 화안시(和顔施) 얼굴에 화색을 띠고 부드럽고 정다운 얼굴로 남을 대하는 것이요, 둘째는 언시(言施) 말로서 얼마든지 베풀 수 있으니 사랑의 말, 칭찬의 말, 위로의 말, 격려의 말, 부드러운 말 등이다. 셋째는 심시(心施) 마음의 문을 열고 따뜻한 마음을 주는 것이다. 넷째는 안시(眼施) 호의를 담은 눈으로 사람을 보는 것처럼 눈으로 베푸는 것이요, 다섯째는 신시(身施) 몸으로 때우는 것으로 남의 짐을 들어준다거나 일을 도우는 것이요, 여섯째는 좌시(座施) 자리를 내주어 양보하는 것이요, 일곱째는 찰시(察施) 굳이 묻지 않고 상대의 속을 헤아려서 도와주는 것이니라."

— 석가의 무재칠시, 『잡보장경(雜寶藏經)』

예수의 오병이어(五餠二魚) 기적과 썩은 밀알의 의미

보리빵 다섯 개와 작은 물고기 두 마리를 가지고 남자만 약 오천 명이나 되었는데, 모두 배불리 먹고 남은 조각과 부스러기를 모으니 열두 광주리에 가득 찼다.

— 요한복음 6장 1-15절 요약

198

굳이 성서학자들이 내세우는 '신비'가 아니라 하더라도 이러한 기적은 예수 그리스도의 사랑의 힘이 거기에 참여한 신자들의 '나눔의 실현'으로 나타난 기적이라는 것을 쉽게 미루어 알 수 있을 것이다. 성경에는 이와 같은 상징, 은유의 가르침이 많다.

> 내가 진실로 너희에게 이르노니 한 알의 밀이 땅에 떨어져 죽지 아니하면 한 알 그대로 있고 죽으면 많은 열매를 맺느니라 자기의 목숨을 사랑하는 자는 목숨을 잃어버릴 것이요, 이 세상에서 자기 생명을 미워하는 자는 영생하도록 보전하리라.
>
> — 요한복음 12장 24-26절

역시 자기헌신의 사랑이 얼마나 큰 의미를 가지고 있는지 확신에 찬 목소리로 예수는 모든 사람에게 일러주신다.

이슬람의 자카트

라마단(Ramadahn)의 금식 기간에는 먼동이 틀 때부터 해질 때까지 금식해야 한다. 청량음료나 술, 담배는 물론 물도 못 마신다. 금욕의 자기절제와 절식한 것으로 자선행위를 하여 가난한 이웃을 돕는다. 자카트(Zakat)라는 법에 의한 희사 제도가 있어 수입은 2.5%, 농산물은 10%를 의무적으로 사회에 기부해야 한다. 대출에 대한 이자 지급은 허용되지 않으나 은행은 서비스 수수료라는 명목으로 자금조달

비용을 충당한다.[102]

침향

서정주의 시집 '질마재 신화' (1975 펴냄, 이남호 선, 세계시인선 50 서
정주, 2010 인용)에 나오는 시 '침향' 은 읽는 이로 하여금 감동의 숨을
몰아쉬게 한다.

것도, 아득할 것도, 너절할 것도, 허전할 것도 없습니다.

수백, 수천 년을 이어갈 거라는 믿음만이 침향을 만들게 하는 힘이다. 미래에 대한 믿음이 없다면 침향을 만드는 행위는 불가능한 것이며, 이를 통해 서정주의 의식 속에 자리 잡고 있는 유구한 시간 의식을 확인할 수 있다.[103]

또한 침향에는 시간과 혈연을 초월한 배려와 나눔, 그리고 화합의 정신이 배어 있기도 하다. 언제 어느 세계에서나 '침향'을 만드는 사람에게선 그윽한 사람의 향기가 난다.

2009년에 선종(善終)한 김수환 추기경의 가르침과 삶이 그렇다. 김 추기경은 "고맙습니다. 서로 사랑하세요"를 유언으로 남기면서 마지막 선물로 자신의 두 안구를 기증하여 두 사람의 눈을 뜨게 하였다. 그리하여 장기기증과 버려진 아이의 입양이 늘어나는 등 이 사회에 '사랑 바이러스'가 확산되고 있다. 사랑이 온몸에 밴 그의 삶의 모습에선 참으로 은은한 침향이 풍겨 나온다.

✒ 갈등(C) 해소에 힘써라

생물이 체내의 환경을 적정한 범위로 유지하는 것을 '항상성'이라 하는데, 내부 환경의 항상성 유지는 되먹임 기구에 의해 이뤄진다.

예를 들어 기온이 올라가면 온도감각 기관은 이 정보를 뇌로 보내 즉시 체온을 내리는 작용을 하도록 반응기관에 명령하여 체온 상승을 억제한다. 반대로 기온이 내려가면 열의 생산을 촉진토록 하여 체온을 유지한다. 이처럼 항상성을 유지하기 위한 상반되는 조절작용을 되먹임 기구라고 하는데, 작용이 촉진되는 방향을 양성 되먹임, 작용이 억제되는 방향을 음성 되먹임이라 한다.[104]

위에 산이 많아 배가 아프면 알칼리성 약을 먹어 중화시키듯이 우리의 마음도 상반되는 여러 마음 사이에서 갈등이 생길 때 항상성의 원리가 작용한다. 그러나 몸에 비해 마음은 그러한 자동조절 작용이 균형 잡힌 상태로 쉽게 이루어지지 못한다. 가령 자아 속의 두 마음, 예를 들어 양심과 비양심의 갈등이라든지 여러 욕구 간의 갈등, 그 밖에 사회와 조직생활 속에서 겪는 스트레스와 갈등은 자동 조절되기가 쉽지 않다. 그래서 사람들은 너무 흥분하거나 너무 의기소침해지는 상황에서 벗어나지 못할 때가 있으므로 스스로 이러한 스트레스 및 갈등을 잘 관리하고 극복해 나가야 한다. 다시 말해 마음의 항상성을 유지하기 위해 우리는 상황에 따라 마음의 양성 되먹임과 음성 되먹임이 선별적으로 필요하게 된다.

스트레스를 너무 많이 받으면 뇌의 해마세포가 손상되어 기억력이 감퇴하고 심신의 조화가 깨질 뿐만 아니라 대인관계에서도 나쁜 영향을 줄 우려가 있다. 그러므로 대인관계에서 상대편과 갈등을 빚지 않으려면 다시 한 번 상대편의 입장에서 생각하는 것이 무엇보다 필요하다. 그럼에도 불구하고 상대와의 갈등으로 말미암아 스트레스가 일어날 수 있다. 이럴 때 먼저 자기 마음속에 존재하는 스트레스는 그 원천을 과감하게 뽑아버려야 한다.

예컨대 친구나 반려자에게 잘못했다거나 맺힌 감정이 있다면 솔직하게 고백하고 용서와 화해를 구하는 것이 최선의 해결책이라고 본다. 그러면 십중팔구 자신의 속이 후련해지고 다시 신뢰와 우정의 관계가 회복될 수 있을 것이다.

개인과 개인, 조직(집단)과 조직, 혹은 개인과 조직 사이의 갈등은 이를 잘 관리하여 극복할 때 갈등이 생기기 이전보다 관계가 오히려 더 좋아질 수 있다는 사실을 기억하라. 친구랑 싸운 뒤에 우정이 더 두터워질 수 있듯이 이해가 따르는 거래관계에서도 마찬가지다.

세상 살기가 아무리 어렵고 힘들지라도 항상 웃음으로서 스트레스를 해소하며 사는 게 좋다. 술과 담배, 게임이나 약에 너무 의존하지 말고 자연스럽게 심신의 조화가 이뤄지도록 스스로 노력하는 게 바람직하다.

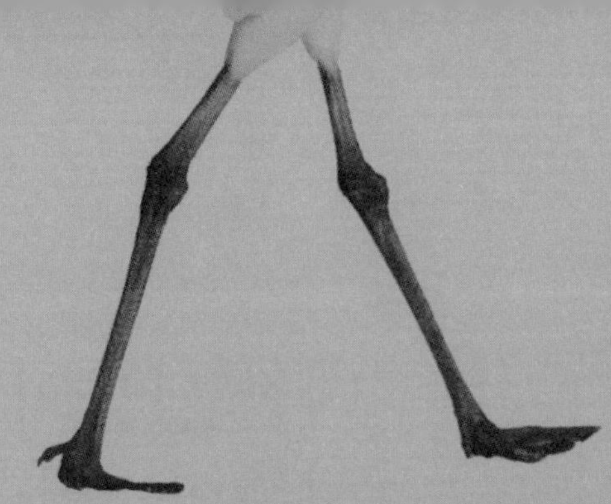

Chapter 3

인내와 의지로 P²고통 이기기

고통을 감내하는 실행 의지가 성공의 마지막 요건이다. 아무리 훌륭한 성품과 능력을 갖춘 사람이라 하더라도 뚜렷한 목적과 목표가 없다면 그의 인생과 사업은 마치 표류하는 배처럼 될지도 모른다. 인생항로의 뚜렷한 목표를 향해 어떻게 항해할 것인지 가늠한 다음 가장 적절한 때와 장소에서 닻을 올리고 돛을 달아야 한다. 또한 출범한 다음 바다에서 모진 풍랑을 만나더라도 목표 항구에 반드시 도달하겠다는 굳은 의지로 집중력을 발휘해야 한다. 집중력은 실행 의지가 뒷받침될 때 비로소 빛난다.

다른 생물의
생존의지를 본따라

🐦 동물은 거의 자살하지 않는다

　개가 주인의 무덤 앞에서 굶어 죽었다든지 짝을 잃은 슬픔에 오리가 스스로 익사했다는 이야기들이 전해온다. 고래 무리가 해안에 밀려와 떼죽음하는 경우가 가끔 있는데 그 까닭은 아직 모른다. 그러나 대부분의 동물들은 고통스럽다고 해서 사람들처럼 쉽게 자살하지 않는다는 것이 통설이다.

　한때 생물학자들은 나그네쥐가 이른 봄 북유럽의 초원을 헤매다가 갑자기 얼음이 채 가시지도 않은 강물로 뛰어드는 것을 보며 자살을 하는 줄 알았다. 하지만 캐나다 생태학자의 최근 연구에 따르면 이들은 자살하는 게 아니라 몰살을 당하는 것이라고 한다. 먹이를 찾아 이리 뛰고 저리 뛰고 하다가 실수로 물에 빠져 죽는 것이다. 졸지에 낭떠러지를 발견한 맨 앞의 쥐가 급정거를 시도하지만, 뒤에 따라오는 쥐들에 밀리면서 한꺼번에 떼죽음을 당한 것이다. 혼잡한 극장 안에 불이 나면 정작 불에 타 죽는 사람보다 모두 출구로 몰려들면서 깔려 죽는 사람이 훨씬 더 많은 것과 같은 이치라고 생물학자 최재천 교수는 말한다.[105]

세렝게티 대초원. 누는 끊임없이 초원을 뛰어다녀야 한다. 조금만 방심해도 치타나 사자의 이빨에 목덜미를 물린다. 누 떼는 강을 건너다가 운이 없으면 악어에게 잡아먹힌다. 그렇기 때문에 누 떼가 들판을 달리고 강물을 건너 강 언덕을 필사적으로 기어오른다. 발로 올라가는 것이 아니라 가파른 언덕을 두 무릎으로 기어오른다. 무릎이 피투성이가 되도록 까지고 부러지는 고통을 감내한다. 악어 밥이 되는 수보다 언덕을 못 넘어 죽는 수가 더 많다. 여기서 무리의 3%가 죽는다.

케냐 마사이마라에는 곳곳에 포식자들이 길목을 노리고 있다. 치타가 유연한 척추 때문에 최대 시속 110km로 달리지만 처음 600m를 넘게 뛰게 되면 힘이 빠져 지쳐버린다. 그래서 치타의 사냥 성공률은 30%. 게다가 자신이 잡은 사냥감 외에는 먹지 않아 항상 배가 고프다. 이러한 치타가 톰슨가젤을 잡았다. 피 냄새를 맡은 자칼과 대머리 독수리들이 몰려온다. 대머리 독수리가 선점한다. 먹는 데도 먹이 서열이 있다. 힘이 없는 독수리에게는 그림의 떡이다.

동물의 왕 사자도 신세가 녹록지 않다. 사냥감이 마음먹은 대로 쉽게 잡히지 않는다는 점도 있지만, 수컷은 팔자가 사납다. 장차 성장한 다음 자신의 위치를 위협할지도 모르는 어린 수컷을 물어 죽인 다음 암사자를 차지해야 하기 때문이다. 게다가 밤에는 하이에나들이 사자 새끼를 물어간다. 그러니까 사자의 사냥감인 임팔라가 사자보다 제명대로 살 가능성이 더 크다고 한다. 임팔라는 오로지 갈지(之)자로 뛰며 도망가는 재주밖에 없지만 말이다.

이렇게 사바나(대초원)에서는 끊임없이 먹고 먹히는 과정이 계속된다. 잠시도 쉬는 법이 없다. 말은 못하지만, 동물들도 엄청난 스트레스와 고통을 받고 있는 것이다. 그러나 동물의 왕국에서 자살은 거의 없다. 필자는 오늘도 '동물의 왕국'을 본다. 잡아먹힐 때 잡아먹히더라도 미리 죽지는 않는 그 강인한 생존의지를 배운다.[106]

쇼펜하우어(Arthur Schopenhauer)는 사람들에게 삶의 본능에 따라 살아가는 '맹목적 생의 의지'를 버리라고 하였다. '버리라'는 부분을 너무 크게 들은 사람들이 자살을 많이 하였다고 한다. 그래서 그를 염세주의 철학자로 낙인찍는 이도 없지 않다. 사실은 '맹목적이지 않은 목적 있는 삶을 살라'고 사람들에게 그는 말한 것 같다. '의식적인 삶의 의지' 말이다. 그는 또한 "욕망은 또 다른 욕망을 낳는다. 욕망은 곧 고통이며 욕망을 잃으면 권태감과 무력감이 생겨 그 또한 고통이 따른다. 그래서 욕망을 버려야 평정을 얻고 완전한 무의지의 상태로 돌아간다"고 말한다. 따라서 그의 주장은 욕망 절제를 반어법으로 강조한 금욕적 '의지' 철학이 아닌가 하는 생각이 든다.

우리는 하나밖에 없는, 한 번밖에 살 기회가 없는 소중한 인생을 살고 있기에 어떠한 고통과 고난에도 결코 자신의 '삶의 의지'를 스스로 포기해서는 안 된다. 인명(人命)은 재천(在天)이다. 우리는 언제나 생존의 의미와 함께 건강회복의 희망을 버리지 말아야 한다.

세계에서 열두 번째로 잘 산다는 우리나라는 출산율은 세계에서 가장 낮고, 자살률은 OECD 국가 중에서 가장 높다고 한다. 2010년에 자살한 사람 수는 15,431명으로 교통사고로 사망한 5,838명보다 훨씬 더 많다. 34분마다 1명꼴로 자살하는 셈이라니 참으로 안타까운 일이 아닐 수 없다.

그 가운데 70% 가량은 우울증 때문이라고 한다. 자살은 본인의 불행은 말할 나위도 없고 가족과 친지들에게도 큰 충격과 슬픔을 안겨준다. 그렇다면 자살은 한사코 말리고 줄여야 한다. 어떻게 하면 그렇게 될 수 있을까?

❶ 천상천하 유아독존, 즉 자존심을 가지고 자기주체성을 살려나간다.

❷ 자신을 포함한 모든 사람의 생명을 존중하는 가치의식을 높인다.

이를 위해서는 여론을 선도하는 사회지도층부터 사람을 비롯한 모든 생명을 사랑하는 마음과 행동을 보이며 사는 것이 바람직하다. 우리나라 정부도 일본처럼 자살방지를 위한 효과적인 시스템을 만들어서 운용할 필요가 있다고 본다. 예로서 개인 파산과 신용회복에 대한 제도의 정비와 관련자에 대한 따뜻한 상담제도가 잘 이뤄져야한다. 서울 지하철의 스크린 도어 설치는 교통사고뿐만 아니라 자살방지의 효과도 가져온 좋은 본보기라 하겠다.

❸ 우울증에 걸리지 않도록 심신을 수련하며, 좌절감에 빠지지 않도록 스스로 노력한다.

사업이나 소망하는 일이 뜻대로 되지 않아서 한때 절망감에 빠질 수 있으며, 심지어는 자살 충동이 일어날 수도 있다. 이를 극복하기 위한 인내와 용기가 필요하고 우울증 같은 정신질환의 예방 및 진료에 신경을 써야 한다.

❹ 정부와 지방자치단체 등은 소외계층을 위한 사회안전망의 확충에 더욱 힘을 기울여야 한다.

이때 유의할 일은, 될 수 있는 대로 무상지원보다는 그들의 자생력을 키우기 위한 일자리를 마련해 주는 것을 우선으로 해야 한다.

❺ 가족과 이웃의 사랑이 사회보장보다 더 중요하다.

가족의 돌봄과 이웃사람들의 배려는 죽고 싶은 사람에게 다시 삶의 용기를 주는 '사랑의 묘약'이 될 수 있다. "연금과 의료보험이 효자야"라는 말이 나이 든 분들의 입에서 농담 반 진담 반으로 나온다. 그러나 사회보장(사회보험 및 공적 부조)은 본질적으로 가족보장만큼 따뜻할 수는 없다. 가족사랑은 행복의 본질인 정신 요소요, 사회보장은 주로 생계와 의료 지원 같은 부가적 물질 요소이기 때문이다. 그렇다고 핵가족 아래서 가족이 돌보기 어려운 경우가 많은데 이러한 사정을 무시한다거나 사회보장을 소홀히 해도 괜찮다는 이야기는 아니다. 사회보장 속에서 가족 돌봄이 상호보완적으로 이뤄질 때 도움을 받는 사람의 삶이 가장 행복할 수 있지 않을까.

최근에 심한 통증으로 시달리다 자살한 사람들의 이야기가 듣는 사람들의 마음을 몹시 아프게 한다. 우리나라에서 현재 통증으로 시달리는 사람이 250만 명가량이며, 그 가운데 6만 명가량은 루프스 같은 병으로 통증을 견디기가 어려운 환자라고 한다. 이유야 어떻든 간에 이렇게 고통받고 있는 환자들의 통증완화와 치유에 관한 법의학적 대응이 절실히 요망된다. 이때 "마약성의 투약은 안 된다"와 "극한 고통은 덜어줘야 한다"는 양립하기 어려운 두 명제 속에서 우리는 솔로몬의 지혜를 찾아야 하지 않을까?

도요새의 목적의식과 실행의지

이동 중에 자기 몸의 일부를 먹어 양분을 보충하는 기이한 행태를 보이는 동물들이 있다. 이를 자기소모 또는 자식(自蝕)작용이라고 한다. 섭금류인 큰뒷부리도요새의 자기소모는 그중에서도 더 기묘하다. 큰뒷부리도요새의 비밀을 밝혀내기 위해 미국의 지질조사국 연구자들이 이 새에 위성추적장치를 달았다. 그 결과 이 새는 뉴질랜드와 호주 동부에서 북상하여 쉬지 않고 1만 300km를 날아 서해안에 들리 약 한 달 반 동안 영양분을 비축했다. 이게 다가 아니다. 또다시 서해안에서 알래스카까지 밤낮으로 6,500km를 날아갔다.

미국 지질조사국의 로버트 길 박사와 그로닝겐 대학의 테우니스 페에르스마 박사가 1998년 밝혀낸 바로는 큰뒷부리도요들은 알래스카에서 뉴질랜드로 향하는 대장정의 비행을 떠나기 전에 이를 대비해서 지방을 대량 축적한다고 한다. 그런데 놀라운 사실은 여분의 연료를 저장할 공간을 만들고 효율적인 비행을 하기 위한 목적으로 간과 신장, 소화기관 조직의 25%를 흡수 병합하는 방식으로 체중을 줄인다는 사실이다. 손상된 장기들은 이동을 마친 후에야 원형을 되찾는다. 이처럼 장기의 부분적 흡수와 원상복귀가 철새 중에서 발견된 것은 처음이지만, 다른 종 역시 도중에 먹이를 찾기 어려운 장거리 이동을 하면서 이와 같은 방식으로 연료를 보충할지도 모르는 일이다.[107]

모든 새는 날기 위하여 끊임없이 날갯짓을 한다. 왼쪽 오른쪽 균형을 잡으면서 목표를 향해 방향을 잡고 안간힘을 다해 날갯짓을 하는 것이다. 이것이 바로 실행의지이다. 단순한 동작의 반복이지만 그것이 바다 건너 먼 곳까지 이동하는 유일한 방법이므로 지루한 줄 모르고 끊임없이 계속한다. 다른 새들도 이처럼 멀리 날아가기는 하지만 도요새는 앉을 곳도 없는 망망대해 위를 수만 리나 날아가야 하기에 더욱 끊임없이 날갯짓을 해야 한다.

옛날 방직공장에서 일하던 여공들이 단순 작업에 몰두하였듯이 오

212

늘날 반도체 생산라인에서 일하는 여사원들의 모습도 단순한 일의 끊임없는 반복이다. 대단한 부가가치를 낳는 IT의 꽃이라고 불리는 반도체의 공정은 대부분 자동화 시스템으로 이뤄지지만 어느 부분은 새들의 날갯짓처럼 사람의 손놀림이 끊임없이 반복되지 않으면 마무리가 안 되는 것도 있다.

사람 손바닥보다 작은 도요새가 날아서 태평양을 횡단하는 것은 매우 큰 도전이 아닐 수 없다. 이러한 목표를 성취하기 위하여 자신의 온몸과 마음, 그리고 지혜를 전력투구하는 모습은 우리 인간으로 하여금 '진인사 대천명(盡人事 待天命)'의 의미를 되새기게 한다.

🐦 극한 미생물은 극한 상황에서도 살아남는다

단세포, 원핵세포, 세균들에게는 죽음이라는 것이 없다. 분열로 번식하기 때문이다. 조건만 맞으면 수억 마리에 달하는 박테리아들이 짧은 시간 안에 만들어질 수도 있다. 우리 몸속의 대장균도 그렇다. 하지만 살균 바이러스에게 박테리아가 잡아먹히는 것을 보면 박테리아도 실제로는 완전한 영생을 누리지 못한다는 걸 알 수 있다.

최소주의를 지향하는 극한 미생물인 온누리누스

온 세상이 불덩어리, 얼음, 핵전쟁에 휩싸이더라도 극한 미생물은 최후까지 살아남는다. 극한 미생물은 방사성 물질이 득실대는 연못에서도, 빙산에서도, 산성 조건에서도, 펄펄 끓는 바닷물 속에서도 증식하여 번성할 수 있다.

한국해양연구원의 강상균 박사가 이끄는 연구진은 「네이처(Nature)」 최근호에 기고한 논문에서, 심해 열수구에서 서식하는 써모코쿠스 온누리누스(Thermococcus onnurinieus NA1)이라는 고생물이 또 하나의 특별한 생존능력을 갖고 있다고 발표하였다. 연구진에 의하면 써머코쿠스 온누리누스는 희박한 에너지 조건에서도 매우 간단한 호흡 경로, 즉 포름 산염(HCOOH)과 물을 중탄산염으로 전환하는 방법을 사용한다고 한다.

생명체는 증식과 대사를 위해 ATP(아데노신 삼인산, Adenosine triphosphate)라는 에너지 분자를 필요로 한다. ATP는 환경으로부터 얻은 화합물들을 다른 분자로 전환함으로써 합성하는데, 이러한 반응을 산화환원 반응(redox reaction)이라고 한다. 동물은 호흡을 통해 포도당과 산소를 이산화탄소와 물로 전환하며 이를 통해 포도당 한 분자에서 2,000KJ의 에너지를 끄집어내며, 식물은 광합성을 통해 이산화탄소와 물을 산소와 유기화합물로 전환한다. 그러나 세균과 고세균은 동식물과 달리 융통성을 발휘하는 데 충분한 산소가 없는 상황에서도 다른 화합물(황, 메탄 등)을 이용한 산화환원 반응을 통해

ATP를 만들어낼 수 있다.[108)

　박테리아가 지구상에 나타난 최초의 움직이는 생명체이자 또한 최후의 생명체가 될지 모른다고 생물학자들은 말한다. 진핵세포에 에너지를 공급하고 생산·분할 및 이동 능력을 제공하는 미토콘드리아가 20억 년 전에 원시적인 박테리아에서 진화되었다. 그래서 어떤 학자는 박테리아가 인류의 먼 조상이라고 말하기도 한다.

　박테리아를 비롯한 세균류는 위에서 본 바와 같이 다른 생명체가 살아남기 어려운 여건에서도 생존과 번식을 한다. 비록 본능이라 할지라도 그들의 강인한 생존능력은 알아줘야 할 것 같다. 우리가 매우 어려운 상황에서 목숨을 걸고 인내와 의지의 삶을 살아야 할 때 박테리아를 생각하며 인간의 자존심을 돌아봐야 하겠다.

역경을 즐겨라

🕊 사랑한다면 역경을 선물하라

애벌레가 나비가 되기 위해 고치 구멍을 뚫고 나오는 광경을 나는 오랫동안 관찰했다. 나비는 작은 고치 구멍을 뚫고 나오기 위해 몸부림을 치고 있었다. 나는 긴 시간 애를 쓰고 있는 나비가 안쓰러워 가위를 가지고 와서 고치 구멍을 조금 뚫어주었다. '이제 나비가 화려한 날개를 펼치면서 창공을 날아다니겠지' 하고 기대하고 있었는데 나비는 날개를 질질 끌며 바닥을 왔다 갔다 하다가 죽어버렸다. 나비는 땅을 박차고 하늘을 향해 날아오를 만한 힘을 갖지 못했던 것이다. 나비는 작은 고치 구멍을 빠져나오려 애쓰는 가운데 날개의 힘을 키우게 되어 있는데, 내 값싼 동정이 그 기회를 없애버린 것이다.

곤충학자 찰스 코우만의 이야기이다.[109] 개인들이 리더로 성장하는 데 있어서 그리고 조직이 경쟁력을 강화하는 데 있어서 실패와 역경보다 더 좋은 스승, 더 좋은 선물은 없다. 실패하지 않는 가장 좋은 방법은 아무것도 시도하지 않는 것이다. 그러나 아무것도 시도하지 않는다면 그 무엇도 얻을 수 없다. 투자를 하지 않고서는 그 어떤 수익도 불가능하기 때문이다.

세계 최초로 에베레스트를 정복한 에드먼드 힐러리 경이 "모험 없이는 아무것도 얻을 수 없다(Nothing venture, nothing win.)"고 한 말은 기업 경영이나 자기계발에서도 그대로 적용된다. 경쟁이 심하고 경기가 침체된 때일수록 기업이나 경영자, 그리고 종업원 모두가 역경지수(AQ : adversity quotient)를 높게 키우는 것이 필요하다(다음 '섬돌의 경험' 참조).

노벨상 수상자 이그나로 건국대 석학교수는 "학창시절 머리가 좋지 않았지만 한 우물을 파듯 오랜 시간 연구에 몰두한 열정의 힘이 빛을 보게 됐다"며 "과학자의 사전에 포기란 없다. 시간이 오래 걸리더라도 끝까지 해결하겠다는 의지를 갖고 연구하겠다는 자세가 가장 중요하다"고 말한다.

또한 경영학자 로저 마틴은 애플(Apple)이 성공할 수 있었던 것은 스티브 잡스가 천재여서가 아니라 실패를 용인하는 애플 문화의 덕분이라고 다음과 같이 말한다.

"많은 사람들이 스티브 잡스는 천재이고, 실수하지 않는다고 생각하지만, 그것은 오해입니다. 돌이켜 보면 잡스는 어마어마한 실수를 해왔습니다. 뉴튼(1993년에 나온 최초의 PDA), G4 큐브(데스크톱 PC), 애플TV 모두 실수의 연속이었습니다. 하지만, 이제 아이폰4G와 아이패드 등의 놀라운 성공을 거두지 않았습니까. 많은 사람들이 정상에 오른 기업들은 결코 이런 실수가 없어야 정상에 오른다고 생각하는데 실은 그렇지 않습니다. 인생은 신비하고, 알 수 없으며 확실하지 않기 때문에 실패라고 함부로 규정해서는 안 됩니다. 가령 뉴튼이 완전히 잘못된 아이디어냐 하면 그렇지 않습니다. 다만 시대를 너무 앞섰던 것뿐입니다."[110]

"모천에 돌아온 연어는 거꾸로 흐르는 물살을 헤치고 상류로 거슬러 올라가 알을 낳은 다음 장렬한 최후를 맞는다."

"평온한 바다는 결코 유능한 뱃사람을 만들 수 없다."

— 영국 속담

"우리 인생은 양파와 같은 것이다. 사람은 그 껍질을 하나씩 벗겨 나간다. 그런데 때때로 눈물이 난다."

— 미국 시인 샌드버그(Carl Sandberg)

"한국인은 극동의 한반도에 살면서 늘 대륙세력과 해양세력의 침탈 때문에 생존을 위해 안간힘을 써왔다. 때로는 사대주의의 의존 성향을 보이기도 했지만 1,000번이 넘는 크고 작은 외환을 끈기와 대동단결의 자주독립 정신으로 슬기롭게 이겨냈다. 온갖 고난과 역경을 이기고 선진국 문턱에 선 위대한 나라요, 자랑스러운 사람들이 아닌가."

"가난하다고 탓하지 마라. 나는 들쥐를 잡아먹으며 연명했다. 작은 나라에서 태어났다고 말하지 마라. 나의 병사들은 적들의 100분의 1에 불과했지만 세계를 정복했다. 배운 게 없다고 탓하지 마라. 나는 내 이름도 제대로 쓸 줄 몰랐지만 남의 말에 귀 기울이면서 현명해지는 법을 배웠고 또 지혜를 구했다. 너무 막막해 포기해야겠다고 말하지 마라. 나는 목에 칼을 쓰고도 탈출했고, 뺨에 화살을 맞고도 살아났다."

— 칭기즈칸(Chingiz Khan)

고통을 감내하는 굳센 의지와 집중력으로 목표를 성취하라

늑대 무리는 자연계에서 가장 유능한 사냥 조직이지만, 그 실패율은 대략 90%라고 한다. 열 번 사냥을 시도해서 9번 실패하고 겨우

한 번 성공하는 셈이다. 늑대는 실패를 거듭해도 자포자기하지 않으며 자괴감에 빠지지도 않는다. 오로지 사냥이라는 눈앞의 과제를 위해 온 힘을 다할 뿐이다. 그들은 실패를 통해 교훈을 얻고 사냥기술을 계속 연마하며 마침내 성공을 거둔다. 실패를 통해 생존의 지혜를 쌓아가는 것이다.

인간의 환경이 아무리 어렵다고 해도 동·식물이나 다른 자연만큼 어렵지 않다는 걸 이 책에서 밝힌 자료만으로도 충분히 알 수 있다. 다른 생물들이 온갖 역경을 이기며 살아가고 번식을 꾀하는데 하물며 만물의 영장인 인간이 엄살을 부린다면 과연 체통이 설 수 있을까. 더구나 살기 어렵다고 한 번밖에 없는 인생을 포기하거나 미래에의 희망을 접어서는 안 될 것이다. 역경은 온갖 지혜와 힘을 한 곳에 기울여 어떤 일을 성공으로 이끄는 자극제의 구실을 한다. 또한 역경은 어떤 일을 할 수 있는 경험과 밑거름의 구실을 하기도 한다. 이때 성공을 꿈꾸며 역경을 헤쳐나가는 과정 자체가 이미 행복한 시간으로 느껴질 수 있다. 젊어서 고생은 돈 주고도 못사는 행운이다.

발레리나 강수진(슈트트가르트 발레단의 수석 발레리나)의 춤은 아름답지만, 그녀의 발은 결코 아름답지 않다. 골프 선수 신지애의 손바닥은 열 손가락 마디마다 굳은살이 박혀 있다. 산소탱크로 불리는 박지성 선수의 발도 상처투성이다. 게다가 그는 뛰고 달리기가 어렵다는 평발이 아닌가. 스포츠 경기에서 딴 금메달이 땀방울의 결정체이듯 농사의 수확이나 사업의 결실도 모두 땀과 눈물이 섞인 결과물이 아닐 수 없다. 그러니 닥쳐온 일이 아무리 어렵더라도 확실한 소명의식을 가지고 기꺼이 맡아서 수행하면 그 과정 자체가 흐뭇하고 결과도 좋게 나타날 가능성이 크지 않을까.

목표 성취를 위해서는 ‘나는 할 수 있다’는 긍정심리의 자신감이 무엇보다 중요하다. 이때 뼈를 깎는 듯한 인내의 아픔과 성취의 기쁨을 얻고자 하는 강렬한 의지가 뒤따라야 한다. 거기에 노력하는 일의 효과성과 효율성을 높이는 전략 및 전술의 이용이 또한 바람직하다.

마케팅 학자 아아커(D.A. Aaker)는 “기업에서 마케팅의 효율성을 높이기 위해서는 고객의 스위트 스팟(sweet spot)을 찾아서 상품을 개발하거나 서비스를 제공하는 것이 바람직하다”고 말한다. 그가 말한 스위트 스팟은 고객의 심금을 울릴 문화적 코드(중요한 관심사항이나 생활양식)를 가리킨다. 고객의 마음과 생활양식에 딱 맞춰 마케팅을 하면 고객의 반응이 좋게 나타나고 그것은 곧 마케팅의 성공을 뜻한다.

면접시험에서 입사 지망자로부터 홀딱 반할 만한 답변을 듣는 순간 면접관이 자신도 모르게 공감의 손뼉을 쳤을 때, 혹은 회사에서 경쟁사를 따라잡을 수 있는 묘안이 떠오른 순간 무릎을 탁 쳤을 때, 그리고 한의사가 환자의 맥을 정확히 짚어 침을 놓아야 할 자리를 찾은 순간 등……, 이런 모습들은 바로 스위트 스팟을 때리는 타자의 모습과 비슷한 것 같다. 이처럼 스위트 스팟 찾기는 정곡(正鵠)을 찌르는 아이디어의 창안에서부터 의미 있는 인간관계나 거래관계가 이뤄지는 결정의 순간, 즉 '진실의 순간' 에 이르기까지 여러 상황에서 유효할 수 있다.

원래 스위트 스팟이란 골프 클럽이나 야구 방망이에 공이 정통으로 맞는 부분을 가리킨다. 타자가 그 부분을 정확하게 맞추면 타력이 가장 크게 집중·전달되어 공이 가장 멀리 날아간다. 이대호 선수가 9경기 연속 홈런을 쳐 빅 리그 세계 신기록을 세운 원천은 스위트 스팟이라는 야구공의 물리적 원리를 터득한 점도 있겠지만, 좋은 체격에다가 유연한 자세에서 나오는 완벽한 스윙을 구사하며 집중력 같은 정신력이 탁월하기 때문이라고 전문가들은 말한다. 다시 말해 그가 야구공의 스위트 스팟을 맞춰 홈런왕이 된 비결은 스윙 아웃의 수모를 수없이 당하면서도 좌절하지 않고 꾸준히 연습하며 게임을 즐겨온 배짱과 끈질긴 투지의 결과가 아니겠는가. 홈런타자들의 공통점은 '삼진아웃' 이 많다는 것이다. 그러나 사람들은 그가 삼진 당한 것을 오래 기억하지 않는다. 통쾌한 홈런 장면과 홈런 타자를 오래 기억할 뿐이다.

선택한 목표 성취에 전력투구하라

숯과 다이아몬드는 그 원소가 탄소로 구성돼 원소기호(C)가 똑같다. 그 똑같은 원소가 하나는 아름다움의 상징인 다이아몬드가 되고, 다른 하나는 보잘것없는 검은 덩어리에 머물러 있다. 그 까닭은 바로 탄소 원자의 완전히 다른 배열과 결합 방식에 있다. 같은 원소를 가지고도 전혀 다른 물질을 만들어내는 과학 원리가 참 신기하면서도 우리의 삶과 비슷하다는 느낌을 받는다.

삶은 다이아몬드라는 아름다움을 통째로 선물하지 않는다. 단지 가꾸는 사람에 따라 다이아몬드가 될 수도 있고 숯이 될 수도 있는 씨앗을 선물할 뿐이니 말이다.[111] 당신의 목표는 다이아몬드 인생인가, 혹은 숯 인생인가?

키가 최대 6m까지 자라는 기린은 포유동물이다. 대초원의 모든 동물 중에서 키가 제일 큰데다가 먼 데까지 바라볼 수 있는 시력을 가지고 있다. 덩치도 크고 뒷발질 실력이 막강하므로 사자나 하이에나 같은 맹수들조차 기린을 함부로 공격하지는 못한다. 그러나 사자나 하이에나 무리의 집단공격에는 어린 기린이 희생되기 쉽다. 그래서 천리안(?)을 가진 기린은 자신과 무리를 보호하기 위해 사바나를 휘둘러본 다음 천적의 위협으로부터 비교적 안전한 지대로 미리 피하는 지혜를 가졌다. 얼룩말과 가젤도 기린을 따라 움직이는 경우가 많다. 기린을 따라가는 게 대체로 안전하다는 경험에서다.[112]

조직이든 개인이든 우리는 앞을 내다보는 뚜렷한 비전과 미션을 지녀야 한다. 멀리, 그리고 자신과 조직 안팎의 여러 요소를 두루 살펴보며 목적과 목표를 결정해야 한다. 목표를 향한 행진은 너무 신중한 나머지 기회를 놓쳐서도 안 되지만 너무 서두르면 낭패를 보기 쉽다. 그러므로 뚜렷한 목적의식과 통찰력에서 나오는 올바른 방향을 잡은 다음 적절한 타이밍과 속도의 조절이 바람직하다.

자신이 하려는 일의 목적과 그 목적을 구체적으로 나타내는 뚜렷한 목표가 결정되었으면, 이제 이것을 실행할 계획을 세우는 것이 필요하다. 사람이 앞일을 예측하는 게 어렵지만, 목표를 향한 이정

표는 없는 것보다 있는 게 낫다. 예기치 못한 시행착오나 상황변화
가 있으면 그때마다 수정·보완해 나가면 되지 않는가.

"성공의 75%는 생각에 달렸다. 그중 25%는 '나는 원하는 것을 소
유할 만한 가치가 있는 사람이다' 라는 의미의 긍정적 자아 이미지를
갖는 것이고, 25%는 목표를 달성할 수 있다고 믿는 'I can do' 정신
이며, 또 다른 25%는 자신이 원하는 바를 구체적으로 정확히 아는
것이다. 나머지 25%는 생각을 실행에 옮기는 추진력이다"라는 스튜
어트 골드스미스(S. Goldsmith, 『미다스 메소드』의 저자)의 말은 우리가
목표의 설정과 실행에 있어서 참조할 만하다.[113]

위의 단계에서 앞의 세 가지(가치의식, 정신무장, 목표설정)는 생각이
고 마지막은 실천이다. 생각이 아무리 좋다고 하더라도 '지금 내가
여기서' 실제로 움직여 실천하지 않으면 공상에 지나지 않는 것이
다. 그러므로 자신이 생각하고 결정한 목표를 향해 몸과 마음을 다
해 끊임없이 실천하는 노력을 해야 한다.

한 예를 들어보자. 최근 필자는 A대학 경영학부 학생들에게 '창업
경영론' 을 강의하면서 실제로 창업하는 연습을 보고서로 제출하고
발표 및 토론의 과정을 밟게 했다. 군대까지 다녀온 20대 후반의 한
남학생은 졸업 후 2년 이내에 한식 음식점 사장이 되는 게 최종 목표
이며, 일단 주방장부터 하겠다는 중간 목표를 세웠다. 그리하여 한
식과 관련된 스펙을 쌓기 위해 자격증을 몇 개 따놓았고 현재 틈틈
이 아르바이트로 주방에서 일하고 있다고 한다. 그의 목표를 향한

진지하고도 용의주도한 준비과정에 공감하며 '잘해보라' 는 격려의
박수 소리가 강의실 안에 메아리쳤다.

　그러나 앞으로 실제로 창업을 하려면 입지를 포함한 상권분석과
경쟁 상황, 그리고 예상되는 투자비용과 수익 분석 등을 해야 하며
경영에 관한 전략 및 관리방법들을 터득해나가야 할 것이다. 특히
요식업은 우리나라가 세계에서 가장 경쟁이 치열해서 창업 후 3년
안에 생존율이 30%도 안 된다는 최근의 통계를 유의하지 않을 수
없다.

선택한 목표성취를 위해 자원을 집중하라

　제한된 자원과 시간, 그리고 일정한 노력으로 바라는 성과를 얻으
려면, 먼저 목표선택을 잘해야 한다. 그런 다음 선택한 목표 달성을
위해 가진 자원을 집중적으로 투입해야 할 것이다.

사자나 코뿔소처럼 하나의 사냥감에 초점을 맞춰라

　"하나의 꿈을 이루고 싶어 하는 사람은 한 군데로 초점을 맞추고 꾸
준히 노력해야 하며, 완벽함을 기대해야지 중간 지점이나 평범함과
타협해서는 안 된다. 자신이 갈 수 있다고 생각하는 것보다 훨씬 더

먼 곳으로 계속 밀고 나간다면, 틀림없이 가슴에 품은 꿈을 이룰 수 있다"라고 에스티 로더(화장품 회사 에스티 로더 창업 회장)는 강조한다.

사자가 얼룩말을 사냥할 때 무리 속으로 무작정 뛰어드는 것 같지만, 미리 특정한 표적을 찍어 놓는다고 한다. 앞에서 다른 말들이 이리 저리 뛰어다녀도 사자의 눈은 첫 목표물에 고정되어 있다는 것이다. 이때 첫 목표물에 비해 더 먹음직스러운 얼룩말을 발견하더라도 표적을 바꾸지 않는다. 이는 두 마리 다 놓치는 실수를 범하지 않기 위해서이다.

하나의 목표만을 향해 온 힘을 집중하여 전력 질주하는 코뿔소도 또한 그렇다. 영국의 역사학자이자 작가인 폴 존슨은 코뿔소 이론(The Rhino Principle)을 통해 하나의 목표를 향해 전력투구하는 것이 인생의 위기 돌파에 한 지침이 될 만하다는 주장을 했다. 코뿔소는 특별히 섬세하지도 똑똑하지도 않다. 진화의 법칙과 자연선택에 의해 도태됐을 법한 종인데 아직도 건재한 이유는 한 가지에만 전념하기 때문이다. 무엇이든 눈앞에 새로 나타나면 돌격할지 말지를 결정하고 일단 돌격하기로 결정하면 온몸을 던진다. 결과는 둘 중 하나다. 공격 대상이 납작해지거나 아주 멀리 도망가 버린다. 그러면 코뿔소는 다시 풀을 뜯는다.

이렇게 코뿔소의 행태는 다른 많은 분야, 특히 비즈니스에 적용할 수 있다. 만약 기업가가 자신의 비전에 목표를 담고 있다면 그의 뇌리에서 다른 모든 생각을 몰아내고 목표를 확보할 때까지 돌격해야 한다. 위대한 사업가에겐 수많은 자질이 필요하지만, 그중에서도 억척스럽게 목표달성에 전념하는 자세와 기어코 성취하는 능력이 가장 중요한 조건이라고 여겨진다.[114] 여기서 '돌격 앞으로'는 바람직한 목표를 향해서라야 한다. 기업의 경우라면 고객의 욕구충족을 위한 목표여야 하고, 개인의 경우는 바람직한 자기계발의 한 목표여야 한다. 저돌적인 돈키호테형은 곤란하지 않을까.

자원의 선택과 집중이 중요하다

아프리카의 들개 리카온은 사냥에 성공하기 위해 협동 조직을 구성한다. 이들은 사냥을 나갈 때마다 특유의 춤 의식을 통해 컨디션을 점검한 다음 좋은 구성원으로 팀을 구성하고 역할을 분담한다. 강적의 공격에 대한 방어를 위해 집단방어로 자신들의 약점을 해결한다.

이렇게 자원과 전략을 집중하는 사냥 형태는 맹수들뿐만 아니라 작은 곤충이나 새의 먹이 사냥에서도 흔히 볼 수 있다. 자원의 집중은 생각보다 훨씬 강한 힘을 발휘한다. 전문적으로 무언가를 생산하는 회사가 전혀 다른 분야의 회사를 매수한다고 하자. 이때 경영자는 '1 더하기 1'을 하면 적어도 3은 될 것이라고 기대를 한다. 하지만 실상은 '1 더하기 1'이 1.5밖에 되지 않는 경우가 많다. 그러므로 자원을 목적에 집중시켜 강점을 철저하게 쌓아야 한다. 그렇지 않으면 경쟁에서 이길 수 없다. 자원이 제한된 조건 아래에서 사업

228

의 어느 부분에 자원을 집중적으로 쏟을까를 선택하는 일이 전략이다. 목적과 목표라는 열매를 따기 위한 전략의 끈질긴 수행이 뜻대로 안 되거나 힘들다고 함부로 포기해서는 안 된다.

그러나 집중한다는 말은 선택하지 않은 부분을 '버린다' 는 뜻이기도 하다. 여기에서 '버린다' 는 것은 의사결정이 바로 전략의 본질이다. 즉, 나름대로 관심을 두고 검토했던 다른 대안을 포기하고 하나만 선택하는 것이다. 기업 경영이든 개인의 어떤 행동이든 의사결정은 효과성과 효율성의 기준 등에 따라 최적의 대안을 선택하고 다른 건 모두 포기하는 것이 합리적이다. 그래야만 자기에게 기대이익이 돌아올 수 있을 것이다.

그러면 어느 분야에 집중할 것인가? 기업과 마찬가지로 개인도 장차 유망한 분야를 선택하려고 한다. 하지만 아무리 유망한 분야라 하더라도 자신이 그 분야의 인적·물적 자원 면에서 생존할 강점이 있는지 반드시 검토해봐야 한다. 이처럼 비교우위와 경쟁우위의 분야가 무엇인지 알아본 다음, 단기적 효율성과 장기적 효과성이라는 저울에 달아보고 취사선택해야 한다. 그리고 선택된 목표를 달성하기 위해 자신의 잠재적 자산인 우위 요소에 당신의 노력이 집중되어야 한다. 다시 말해 당신은 자신의 인성 면에서의 장점과 능력 면에서의 강점을 키우는 데 몰입해야 할 것이다.

필자의 삶을 간단하게 소개해 보려고 한다. 부족하지만 뜻을 이루기 위해 온갖 어려움을 인내와 의지로 이기며 살아온 필자의 스토리가 꿈 많은 당신의 인생과 과업의 실현에 조금이라도 참조가 되었으면 하는 바람이다.

나는 가난한 농부의 아들로 태어나 쌀 좋기로 이름난 경기도 이천에서 열 살 때부터 아버지를 도와 농사를 지어봤다. 마른 논에 물 퍼 넣기는 두 사람이 필요했다. 아버지와 마주 보며 양쪽으로 동여맨 긴 줄에 매단 물 박을 들어 올렸다 내렸다 하는 작업은 힘도 있어야 하지만 서로 호흡이 맞아야 가능하다. 논에 들어가 논매기나 피사리를 하다가 거머리에 뜯겨 흰 바지가 피로 물든 붉은 바지로 바뀐 적도 많고, 좀 커서는 오줌똥 지게도 져봤다. 똥지게는 무거워서 어깨가 아프고 오금이 저려오는 것도 어렵거니와 길가에 오물을 흘리지 않게 해야 하므로 몸의 중심을 잡기가 여간 어려운 일이 아니다.

마른 논 5마지기(약 1,000평)와 약간의 밭뙈기로는 아홉 식구(7남매와 부모)가 입에 풀칠하기 어려웠다. 그래서 어린 나는 산에 올라가 솔잎을 갈퀴로 긁어서 모아오곤 했고 어머니랑 누나들은 산나물이랑 약초를 캐 왔다. 아버지는 이런 것들과 다른 농작물을 지게에 지고 10km가 넘는 이천 장에 갖다가 파셨다. 장에 다녀오시는 아버지 손에 고등어 한 손이 들린 걸 보면 아버지보다 고등어가 더 반가운 듯 나도 모르게 침이 꿀꺽 넘어갔다. 어머니는 마치 '자린고비' 이야기처럼 마루 위 선반에 한참 매달아 놓고 보시다가 무슨 의미 있는 때가 되어야 비로소 식구들이 그 맛을 볼 수 있게 하셨다.

사실 나는 중학교에 갈 집안 형편이 아니었다. 그러나 열심히 공부를 하며 희망을 잃지 않았다. 여름날 땡볕에서 조밭에 풀을 뽑는 게 너무 힘들었지만 쉴 적에는 청솔 밭 그늘에서 책을 읽는 게 즐거웠다. 그러다 출가한 큰 누님의 도움과 1등 입학생에게 주는 장학금 덕분에 부천에 있는 중학교에 다니게 되었고, 누님 댁에서 포도, 복숭아 농사를 거들며 신문 배달도 하였다.

포도나무는 겨울에 얼기 쉬우므로 늦가을에 가지치기를 한 다음 흙으로 묻어주어야 했다. 이른 봄에는 다시 흙을 헤집고 일으켜 세워 겉껍질을 벗겨야 하는데 이는 껍질에 붙은 벌레 알을 없애기 위한 것이다. 봄에서 초여름엔 순도 치고 약도 수시로 뿌려줘야 병충해를 막을 수 있다. 이렇듯 일손과 정성이 많이 필요한 게 과수원 일이다. 모기도 뜯기며 원두막에서 여름 한 철을 지냈지만, 나에겐 별장이자 공부방이었다.

　포도가 알알이 여물어올 때 농부의 마음으로 나는 마냥 흐뭇했다. 그러나 수확할 무렵에는 잦은 장마와 태풍으로 포도 알이 상하거나 복숭아가 거의 다 떨어져 버리기도 한다. 억장이 무너질 듯 마음이 아프다. 눈물이 핑 돌고 맥이 탁 풀린다. 2011년 초, 우리나라에서 구제역이 심하게 퍼졌다. 자식처럼 키우던 소나 돼지들이 생매장되는 모습을 보면서 통곡하는 축산농민들의 안타까운 모습이 자꾸만 떠올라서 내 마음도 몹시 아프다. 포도농사를 할 무렵 노벨문학상을 탄 존 스타인벡의 『분노의 포도』(1939)를 읽으며 나는 공산주의에 홀리기 쉬운 사람들의 상황과 동기를 탐구해 보기도 하였다.

　누나네 포도밭에선 힘든 만큼 소득이 나지 않는다는 걸 알게 되었다. 그러나 그것은 주로 자연의 재해 때문이었다. 그래서 나는 포도 휘묻이 기술로 묘목을 키워서 팔아 부수입을 올릴 수 있었다. 포도 따기는 가지가 워낙 질기기도 하고 서슬에 손이 가지 않아야 싱싱한 품질을 유지할 수 있기 때문에 전지가위로 딴다. 그러나 중학생인 나는 때때로 자랑삼아 맨손으로 포도를 땄다. 맨손 포도 따기의 달인이었다. 그 비결은 손목의 반동을 이용하는 것이다. 자꾸 연습하니까 신통하게도 포도 가지가 딱 잘린다. 하지만 덕분에 100송이 넘게 포도알이 뭉개져서 상품이 아닌 내 입으로 직행해 버렸다.

　겨울에는 신문 배달을 하느라고 열 손가락과 열 발가락이 모두 얼어서 달라붙다시피 퉁퉁 붓고 가려워서 밤마다 콩 자루 속에 모든 손발을 다 넣고 부기를 빼곤 하던 기억이 난다.

1950년대 후반에 중학교를 졸업하고 돈 없이 국비의 지원을 받으며 다닐 수 있는 고등학교가 두 군데(체신고교와 교통고교) 있었다. 중학교를 졸업하던 첫해에 체신학교 입학시험을 봤는데 떨어졌고, 재수를 결심했다. 학원에 다닌 게 아니고 그해 섣달 그믐날까지 소사역(지금 부천역 남쪽 앞) 버스 정류장에서 과일과 땅콩 등을 파는 행상을 해서 고등학교 갈 돈을 벌었다. 그때 경인간 도로를 다니는 '소신(회사명)' 버스는 차창이 유난히 높았다. 차창 사이로 물건을 파는데 차가 떠나면 돈 계산 때문에 사고의 위험이 높았다. 한번은 손님이 차창 위에서 돈을 던져 주지 않고 장난하는 바람에 쫓아가다가 넘어졌다. 그 손님이 소리쳐서 급정차가 되지 않았으면 영락없이 바퀴에 깔릴 뻔했다.

누님 집은 지붕과 벽면이 양철로 되어 있는 이층집으로 나는 이층을 사용했는데, 임시 계단으로 되어 있는 실내 원두막과 같은 곳이었다. 1층은 누님의 다섯 식구가 방 두 칸을 이용했고, 부엌에서는 밥 짓는 누님의 모습이 보이며 이때 생기는 연기가 모두 위층으로 올라가는 구조다. 2층은 여름에는 복사열로 한증막 속에 들어온 것 같았다. 그러나 '뜨거운 양철 지붕 위의 고양이' 보다는 그래도 내 신세가 낫지 않은가 생각하며 씩 웃어보곤 했다.

겨울에는 거의 한데나 마찬가지로 몹시 추웠다. 하루는 행상을 마치고 밤에 돌아와 공부하다가 촛불을 켠 채로 잠이 들어 초는 다 녹아 타고 초를 올려놓은 궤짝에 불이 붙어 그 속의 옷가지가 다 눌어 버리고 나의 머리카락이 불길에 그슬려 곱슬머리가 돼서야 화들짝 놀라 깬 적도 있다.

이듬해 봄, 운이 닿아서 돈 없어도 다닐 수 있는 교통(철도)학교에 들어갔고, 그때부터 일가친척이 전혀 없는 서울에서 가정교사로 숙식을 해결해가며 대학까지 다닐 수 있었다. 어떤 집에서는 학생의 수학문제를 풀다가 못 풀어서 결국 쫓겨나기도 하였다.

교통학교 통신과 3학년 때 일이다. 수업시간표를 보면서 기가 막혔다. 대학을 가고 싶은 나의 눈에는 그렇게 보일 수밖에 없었다. 주간 36시간 중 24시간이 통신 관련 전문과목이거나 실습시간이었으니 말이다. 아버지는 아들이 내년에 철도원으로 취직하게 되면 집안 형편이 좀 나아지리라는 기대를 하고 계셨지만, 나는 그래도 대학에 가야만 한다고 생각했고 갈 길이 열릴 거라는 희망을 잃지 않았다. 어느 날 묘안이 퍼뜩 떠올랐다. 통신 실습 시간에 실습을 하면서, 친구와 짜고 교과서 내용을 모르스 코드로 송수신하는 것이었다. 친구랑 나는 많은 시간을 그렇게 연습하였다. 지금으로 말하면 실시간 채팅을 한 셈이 아닐까. 물론 선생님도 열심히 통신술을 연습한다고 나의 어깨를 툭 치시며 기특하다는 눈짓을 보내주셨다.

"· — · · · · — — · · (ㄱㄴㄷ), · · · — — — · · · (SOS)"

이런 식으로 국어와 영어, 국사 교과서 등의 내용을 송수신하고 혼자서도 열심히 반복해서 치다 보니까 정신 몰입이 잘돼서인지 술술 잘 외워졌다. 당시 입시는 암기가 점수를 따는 데 유리했던 터라 다행히 원하는 대학에 들어갈 수 있었다. 그 뒤 경영학을 공부하여 농·공·상·통(정보와 통신)을 다 공부하고 경험하며 지금까지 칠십 평생을 건강하게 잘 살아온 셈이다.

앨빈 토플러의 『제3의 물결』을 한평생 다 타본다는 건 사실 행운인지 가시밭길인지 잘라 말하기는 어렵다. 그러나 나는 어려운 고비에 부닥칠 때마다 눈동자가 더욱 빛났다. 두 주먹을 불끈 쥐고 턱은 당기고 가슴을 활짝 편 다음 힘차게 걸었다. 어려울 때마다 힘낼 기회가 왔다고 생각하며, 나는 안간힘을 쓰고 혼신의 힘을 다 기울이며 산 셈이다. 솔직히 말해서 살기가 너무 어려울 때는 하늘이 원망스럽고 죽고 싶은 충동도 일어났다. 가정교사 집에서 쫓겨나 갈 곳이 없어 광화문 네거리를 하염없이 왔다갔다 걸을 때, 여자에게 몇 번째 퇴짜 맞았을 때, 네 번째 입사 시험에 낙방했을 때…… 그때는 그랬다.

그러나 "하늘은 스스로 돕는 자를 돕는다"는 말이 틀리지 않았다. 광화문을 헤매는 나를 발견한 친구가 한동안 나랑 자기 방(사실은 그 친구도 누님 집에서 살고 있었다)에서 함께 지내게 해주었고, 다섯 번째 도전 끝에 원하던 직장(중앙매스컴)에서 일할 기회를 잡았다. 그리고 당시로는 노총각인 내가 지금의 아내와 만나 가정을 만들고…….

이렇게 어려운 환경에서 산 나는 사실 고생했다고 생각하지 않는다. 오히려 문제 풀이 게임처럼 즐겼다고 말하고 싶다. 나는 닥쳐오는 고난과 변화의 물결을 마치 아비(바닷새)나 바다직박구리처럼 높은 파도타기를 즐겼다. 위험하지만 스릴과 서스펜스가 넘치는 게임을 하듯 인생을 즐긴 것이다. 게임은 위험과 퍼즐이 많아야 온 신경을 다 기울여 임하게 되고, 상황에 신속하고도 적절한 대응을 하게 되니까 말이다.

게임은 지기(실패하기)도 하고 이기기(성공)도 하는 게 다반사 아니든가. 한 번 졌다고 끝난 게 아니다. 다음에 다시 해서 이기면 된다. 남의 실패조차도 타산지석(他山之石)의 교훈으로 삼을 진데 나의 뼈저린 실패에서 의미 있는 지혜를 어찌 터득할 수 없겠는가. 때로는 자신의 실력 쌓기와 경험 축적처럼 오로지 이기기만 하는 게임도 있지 않은가! 또한 상생(win-win)게임은 얼마나 멋진가!

역경을 이기고 어떤 목표를 향해 희망의 눈빛이 빛날 때 그 사람은 '혼돈의 가장자리(edge of chaos)'에서 도약하려는 찰나에 있는 것이다. 개구리가 목표를 향해 점프하기 직전의 웅크린 자세처럼 말이다. 이 물결에서 저 물결로, 혹은 이 일에서 저 일로 바꿔야 할 인생의 변곡점(tipping point)에서 다음 목표가 분명하고 차분히 준비해온 사람은 한 단계 도약의 계기가 된다는 걸 느끼게 될 것이다.

한 예로 나는 1990년대 초만 하더라도 인터넷은 고사하고 컴퓨터도 사용하지 않았다. 아니 못했다. 숙달된 조교가 빠르고 정확하게 타자를 해주니까 머리만 쓰면 된다는 안이한 생각에 머물렀던 것이다. 내 친구 H회장은 아직도 이메일을 여비서가 열어본단다.

웹 기반의 인터넷 세상이 1993년부터 확 펼쳐지기 시작하자 나는 참지 않고 우선 조교에게서 타자와 워드 프로세싱의 기본을 배우고 스스로 사용하자 차츰 익숙해지기 시작했다(속도는 지금도 거북이 걸음이지만). 관련 연구소와 학회를 열심히 쫓아다니며 배우고 연구하였다. 재미와 호기심에 흐뭇하기도 하지만 아들 같은 젊은이들에게 유치한 질문도 용감하게 하면서 차츰 기본적인 지식과 기법을 배웠다. 그리하여 10년 공부를 한 끝에 인터넷 관련 강의도 맡아서 해봤다. 온·오프라인에 걸친 통합적 시각에서 세상을 볼 줄 알게 되고 경영과 마케팅, 광고를 계속 강의하고 연구할 수 있게 되었다.

아직도 나는 대학의 시간강사와 순수한 봉사교육 등을 위해 여러 계층의 수강생들 앞에 서면 신바람이 난다. 타고난 선생인가 보다. 평생 갈고닦은 재능이 가르치고 배우는 것뿐이다. '사랑과 슬기'를 주제로 수강생들과 호흡을 함께하며 진솔한 이야기를 나누는 순간 나는 인생의 즐거움과 보람을 느낀다. 지금 비록 조촐하게 살지만 나름대로 '행복한 성공인'이라고 말하고 싶다.

위에서 소개한 필자의 옛날이야기가 당신에게 어떤 의미가 있을까? 누구나 "하면 될 수 있다"는 메시지가 담겨 있지 않은가. 역경조차 즐기라는 것이 아닌가. 꿈을 이루기 위해 고생하는 사람은 그 꿈으로 말미암아 행복한 마음을 지닐 수 있다. 그리고 그전에 하던 일이 지금 하는 일과 아주 다르더라도 그 경험이 지금 당신이 하는 일에 도움이 된다. 즉, 과거가 현재의 밑거름이자 지렛대가 될 수 있다는 이야기이며, 그것은 자기합리화 이상의 의미가 있다.

의사이자 프로그래머, 벤처기업가였던 안철수 사장이 한국과학기술원의 교수가 된 것은 완전 탈바꿈의 자기혁신과 자기창조라고 볼 수 있지만, 한편으로는 과거에 쌓아온 그의 다양한 지식이 융합지식으로 승화된 것이라고 볼 수 있지 않을까. 그런데 융합을 말할 때 유의할 점이 있다. 오늘날 복잡계에서 학문의 연구와 산업 및 기술 등 여러 분야에서 융합(통섭)이라는 새로운 물결이 주류를 이루고 주목을 받고 있는 게 사실이다.

하지만 융합은 지식과 기술의 퇴적층에서 분화된 모습이라고 볼 때 무(無)에서 유(有)가 갑자기 나오는 건 아니다. 그리고 융합을 너무 강조한 나머지 어느 한 전문 분야에서도 비교우위의 능력을 갖추지 못한 어중간한 주변인이 돼서는 안 된다. 그건 현실적으로 어디에서도 인정받지 못하는 사람이 될 수 있기 때문이다.

고대 그리스 사람들은 '행복한 삶이 곧 삶의 목적'이라고 하였다. 특히 아리스토텔레스는 자기가 가장 잘 할 수 있는 일(핵심능력 = 주특기)에 열정을 다해 몰입하고 조직생활에서는 조직을 위해 주인의식을 가지고 헌신하는 것이 성공과 행복을 얻는 길이라고 가르쳤다. 괴테와 톨스토이도 "삶이 곧 행복이다"라고 간단히 말했다. 어떻게 사는 것이 문제가 아니라 살아 있는 것 자체가 행복이라는 이야기다. 이러한 생각은 소유보다 존재가 행복을 가져다준다고 믿는 점에서 동양의 노장(老莊)사상과도 일맥상통한다.

전통적으로 동양에서는 정신적 가치를 보다 중요시하고 서양에서는 물질적 가치를 보다 중요하게 여기는 경향이 있음을 볼 때 행복한 성공요인은 사람에 따라 그 우선순위가 달라질 수 있다. 이와 같이 문화, 세대, 시대, 그리고 개인 간에 '행복한 성공이란 무엇인가?'에 관한 의식차이가 있을 수 있다. 그럼에도 불구하고 동서고금을 가리지 않고 공통된 행복의 속성은 '사랑과 희망'이라는 말이다. 사랑과 희망이 있는 곳에 행복한 성공을 꽃피울 수 있다는 것이다.

그런데 얄궂게도 눈앞에 희망마저 보이지 않는다면 어떻게 해야 할까? 다음과 같이 부데루뻬그의 말을 크게 외치면서 젖 먹던 힘을 다 낼 수밖에 없다.

"희망이 도망치더라도 용기를 놓쳐서는 안 된다. 희망은 때때로 우리를 속이지만, 용기는 힘의 입김이기 때문이다."

내가 건강하게 살아 있으며, 사랑하는 가족들과 함께 화목하게 산다는 것은 그 자체가 축복이 아닐 수 없다. 게다가 먹고 살 만한 소득이 있으면 금상첨화라 하겠다. 어차피 인생은 시간과 공간, 그리고 능력에 있어서 한정된 사이클을 도는 것이 아닌가. 하지만 인생은 자손에게 DNA와 가풍을 전달하는 이어달리기라는 점에서 대를 이어 영생한다는 사실과 한 줄기 에너지로 대자연 속에 영존하며, 믿음에 따라서는 영혼의 영생도 기대할 수 있다. 더 나아가 내 민족, 인류, 그리고 삼라만상의 영원한 존속과 복락을 기원하는 마음을 가진다는 것은 불안과 걱정 속에서도 그런대로 행복하지 않을까.

이 모든 일은 인간의 뇌에서 걸러지고 결정된다. 우리의 모든 활동은 뇌가 관장한다. 그런데 그중 5%는 뇌가 의식하여 직접 통제하는 가운데 일어나고, 나머지 95%는 무의식 속에서 진행된다. 즉, 반사나 신진대사 같은 자동조절작용에 의해서 뇌가 간접적으로 통제하는 것이 대부분을 차지한다.

그러니 당신이 참으로 행복한 성공을 바란다면, 몸과 마음의 '항상성의 원리'를 생각해서 몸과 뇌가 건강하고도 자연스럽게 돌아가도록 노력해야 한다. 그건 우선 착하고 아름다운 마음을 내놓는 뇌를 가리킨다. 그리고 참되고 똑똑한 힘을 발휘하는 뇌를 뜻한다.

당신의 뇌를 스마트 브레인(smart brain)으로 만들고 유지하려면 이른바 스마트 IT 기기에 너무 의존하지 말고 자연 그대로의 두뇌를 계발하는 데 좀 더 비중을 두어야 할 것이다. "행복을 밖에서 구하는 것은 지혜를 남의 머릿속에서 구하는 것보다 더 헛된 일이다. 참다운 행복은 자신의 마음속에 있다"는 벨기에의 극작가 모리스 마테를링크(『파랑새』의 저자)의 말을 되새겨보자.[115]

자신의 인생을 불행하게 느끼느냐 행복하게 느끼느냐는 소유의 문제가 아니라 지혜의 문제라고 현자들은 입을 모아 말한다. 원래 사랑과 미움, 행복과 불행은 동전의 양면과 같은 것으로, 완전하고도 영원한 행복은 없듯이 불행도 마찬가지다. 그래서 슬기로운 사람은 남들이 불행하다고 생각하는 조건 속에서도 만족함을 발견해 내고,

어리석은 사람은 남들이 부러워하는 조건 속에서도 눈물을 흘린다.

대자연의 구성원들 간에는 먹이사슬 같은 경쟁·갈등 관계도 있지만 큰 틀에서 볼 때 공존·공영을 위해 협동하며 살아가는 동·식물들이 많다는 사실도 우리는 이 책에서 다시 확인할 수 있었다. 또한 우리는 다른 모든 자연의 구성원들과 더불어 행복하게 사는 마음을 가지고 그것에 따른 전략을 어떻게 실천할 것인가에 관해서도 진지하게 논의해봤다.

이제 우리는 건실한 인간관계와 자연 친화의 자세로 자유롭게 사는 사람은 성공과 행복을 함께 이룰 수 있다는 결론에 도달하였다.

다시 말해 행복한 성공인은 자연을 사랑하는 만큼 사람도 사랑하며 그들에게 기꺼이 헌신하는 삶을 산다는 것이다. 그리고 행복한 마음을 가진 사람은 그렇지 않은 사람보다 훨씬 더 진짜 성공할 가능성이 커진다는 사실도 명심할 만하다.

다른 사람과 경쟁하며 살되 공진화를 도모하고, 모든 생태계를 포함한 다른 사람들에게 사랑을 나누는 공생의 삶이 곧 행복한 성공의 길이라는 것을 우리는 굳게 믿는다. 앞에서 본 세콰이어 거목의 '뿌리 사슬'은 자기 뿌리의 힘뿐만 아니라 이웃 동료의 뿌리와 결속된 힘을 발휘한다. 이러한 뿌리 사슬의 모습은 한 조직이나 개인의 가치창조를 위한 '가치 사슬'을 빼어 닮지 않았던가. 당신도 참된 성공을 거두려면 '뿌리 사슬' 이 곧 '가치 사슬' 이라는 사실을 명심하면서 심신을 수련하고 핵심역량을 쌓아나가야 할 것이다.

다른 사람들과 더불어 잘 살기 위해서는 자연스럽고도 친밀한 의사소통이 필요하며, 이러한 소통의 마술은 자연 공명의 원리에서 찾을 수 있다는 사실도 확인하였다. '자성예언' 을 외치고 때로는 '자기 동기부여' 조차 필요하듯이 미래의 자화상(自畵像)을 그리며 몸과 머리를 꾸준히 사용하는 사람은 언젠가는 그 꿈의 그림대로 이뤄진다는 확실한 믿음도 갖게 되었다.

그 꿈은 물론 시간만 보내고 바람 부는 대로 돌아가는 팔랑개비 인생에서는 제대로 실현될 수 없다. 목표를 향해 키를 힘차게 잡는 조타수라야 한다. 다시 말해 훌륭한 인품(人品)과 막강한 실력(實力)을 함께 키우며 실행 의지(意志)가 굳건한 사람이어야 한다.

목표를 성취하기 위해서는 당신의 머리에서 발끝까지 모든 슬기와 기운을 하나로 모아 완전히 가동해야 한다. 푸른 호수 위에 유유자적하고 있는 듯 보이는 백조의 두 발이 사실은 자맥질하느라고 쉴 새 없이 움직이듯이, 또한 대장간에서 쇠를 담금질하고 칼의 날을 벼리듯이 자신의 몸과 마음 그리고 능력을 끊임없이 가다듬어 나가야 한다. 그러한 고통의 과정을 겸허하게 받아들이고 고난을 극복하기 위해 온갖 노력을 다 하는 사람은 이미 스스로 행복한 느낌을 받는다. 그(녀)는 이미 행복을 가불받은 셈이다. 게다가 다른 사람과 협력하는 인간관계가 잘 이뤄진다면 행복한 성공의 길은 이미 그 사람 앞에 활짝 열린 것이 아닐까.

하지만 아직 할 일이 하나 더 남아 있다. 위와 같이 남다른 자기 정체성이 갖춰진 다음에는 자기 브랜드를 의미 있는 사람들에게 적극적으로 알려야 한다. 더도 말고 덜도 말고 당신의 있는 그대로의 모습과 가진 재능을 우선 나를 필요로 하는 사람들에게 알리면 된다. 물론 가까운 장래에 이뤄낼 가능성이 큰 것은 덤으로 얹어서 알려도 괜찮다. 의미 있는 사람들의 뇌리에 당신이라는 브랜드가 기억되고 또한 좋은 이미지로 각인(刻印)되도록 자기 브랜드에 관한 마케팅 활동이 필요하다.

이 책에서 다룬 행복한 인생을 위한 성공의 조건 세 가지인 '경쟁력을 갖춘 인품, 협동심을 지닌 인간관계, 그리고 고통을 감내하는 실행 의지'가 당신의 마인드 맵에 조화롭게 새겨지고 있는지 다시 한 번 살펴보라. 자신의 건강과 가족 사랑, 그리고 먹고 살 거리 같은 행복한 성공의 전제조건도 잘 갖추려고 노력하고 있는지 자문해 보라. 특히 당신의 생각과 행동이 자신의 좋은 성품과 핵심역량을 살리는 데 중점을 두고 있는지, 그리고 자기 브랜드 이미지 관리에도 신경을 쓰고 있는지?

모두 다(혹은 상당히) "그렇다"면 당신의 성공을 위한 구조와 기능 면에서의 원동력, 즉 성공 다이내믹스는 제대로 짜인 것이다. 이렇게 균형 잡힌 성공조건을 갖추고 조건들 간의 유기적인 상호작용이 활발하게 이뤄지는 가운데 끈질기게 실천해 나가면, 억세게 운이 나쁘지 않는 한 당신이 성공 목표에 도달하는 건 오로지 시간문제가 아니겠는가. 행복한 성공의 그날 그 순간을 기약하며, 두 주먹을 불끈 쥐고 활짝 웃는 당신의 모습을 지금 이 자리에서 '찰칵' 인증해 보라.

Chapter 1

1) 늙은 말에는 두 가지 종류가 있다. 하나는 늙어서 힘이 없는 노둔(老鈍)한 말이고 또 하나는 경험을 많이 쌓아서 노련(老鍊)한 말이다. 두 낱말에 모두 늙을 '老' 자가 들어가 있지만 노둔한 말은 쓸모가 없어 폐기처분되고, 노련한 말은 늙었어도 이용가치가 있다. ― 송재소(성균관대 한문학과 교수), 다산포럼, 2004.10.07.

2) 윤영수·채승병 공저, 복잡계개론, 삼성경제연구소, 2005, pp. 103-104.

3) 고경순, 동물에게서 배우는 경영과 마케팅, 백산출판사, 2005, p. 35.

4) 이인식의 멋진 과학, 조선일보, 2008.03.08.

5) 박혜전 기자, 도움말: 문용린 교수, 이해명 교수, 교육그룹 TMD.
   www.woman.chosun.com, 2008.01.02 참조.

6) 고경순, 앞의 책, pp. 346-348.

7) 송형석 기자, 한국경제, 2009.04.22.

8) 조영탁, 행복한 경영이야기, 제867호(2007.09.18)

9) 김인자 소장, 한국심리상담연구소, 2007.11.24. 뉴스레터에서

10) 이혜운 기자, 조선일보, 2009.05.13. 참조
   * 정서 지능(Emotional Intelligence)에 대한 관심이 늘고 있다. 정서 지능은 자신의 충동을 조절하고 감정을 긍정적으로 활용하는 능력, 즉 '마음의 힘'을 뜻한다. 이 정서 지능은 유혹을 참고 공부에만 집중할 수 있는 의지, 실패에 굴하지 않고 재기할 수 있도록 스스로 동기를 부여하는 능력 등 학습 능력과도 직결돼 있다. ─ EBS TV '다큐프라임', 2011.02.08.

11) 이코노미스트(*Economist*), 2008.05.20, pp. 84-86.

12) 노먼 빈센트 필(Norman Vincent Peale) 지음, 이갑만 옮김, 적극적 사고방식, 세종서적, 2001.

13) 조 비테일(Joe Vitale) 지음, 임재서 옮김, 영혼의 마케팅, 반디미디어, 2003.

14) 이영돈, KBS 다큐멘터리 마음, 예담, 2006, pp. 90-99 참조.

15) http://home.megapass.co.kr, 2006.06.28.

16) 김정효 기자, CEO리포트(www.ceoreport.co.kr).

17) 김홍수, 장원준 기자, 호이젤 박사 인터뷰 기사에서, 조선일보, 2009.05.02-3.

18) 로저 마틴 지음, 이건식 옮김, 디자인 씽킹, 웅진윙스, 2010.

19) 이태훈 기자, 조선일보, 2008.05.27.

20) 성선경 시인, 도도새에 관한 회상, 한국경제, 2004.9 ; 이승철 논설위원, 경향신문 2005.12.27.

21) 양동열 KAIST 기계공학과 교수, ⓒ 2005 HelloDD.com 등 참조

22) 고경순, 앞의 책, p. 65.

23) 마르쿠스 베네만 지음, 유영미 옮김, 지능적이고 매혹적인 동물들의 생존게임, 웅진지식하우스 , 2010.

24) KISTI의 과학 향기 399호(2006.01.28).

25) 토머스 L. 프리드먼 지음, 김상철 외 2인 공역, 세계는 평평하다(*The World is Flat*), 창해, 2006.

26) 황국성 차장 외 5인, 매일경제, 2006.01.18.

27) 화폐 이야기, 세계화폐박물관 홈페이지, 2004.02.27.

28) 윤영수 · 채승병, 앞의 책, p. 108.

29) 윤영수 · 채승병, 위의 책, p. 108, 146, 162 종합.

30) 이홍, 자기창조조직, 삼성경제연구소, 2008.

31) 보브 좀머, 마크 팔스타인 공저(1960년 초판 원작은 맥스웰 몰츠임), 정혜정 역, 사

이코 사이버네틱스(*Psycho-Cybernetics* 2000), 다은, 1994.

32) 김철호 본죽 대표, 한국경제, 2010.01.24.

33) 한승원 , 추사, 열림원, 2007.

34) 국제신문, 2008.09.01. ; KTV 한국정책방송, 해외특선 다큐 ‘빙하가 녹고 있
다’, 2009.01.16.

35) MBC TV, 2007.11.29.

36) KBS 환경스페셜 – 독도편, 2005.08.20.

37) 이인식, 지식의 대융합, 고즈윈, 2008, pp. 347-350 ; 김형근(과학 칼럼니스
트), KISTI의 과학향기, 제 901호(2009.04.13) 참조.

38) 효율성과 효과성 : 효율성(efficiency)은 산출량/투입량을 가리키므로 생산성과
비슷한 말이며, 효과성(effectiveness)이란 어떤 목표의 달성 정도를 가리킨다.
재미있는 예로서 빈대를 잡기 위해 초가삼간을 불태운다면, 효과성은 ‘100’ 일
수 있지만 효율성은 ‘0’ 이라고 말할 수 있을 것이다.

39) 서유헌, 잠자는 뇌를 깨워라, 평단문화사, 2000.

40) 에릭 캔들 지음, 전대호 옮김, 기억을 찾아서, 랜덤하우스, 2009.

41) 서유헌, 앞의 책.

42) 나덕렬, 앞쪽형 인간, 하원미디어, 2008, pp. 21-83.

43) 이영완 기자, 조선일보, 2008.02.05.

44) 유석재 기자, 조선일보, 2007.11.23.

45) 이학식 · 안광호 · 하영원, 소비자행동론 5판, 법문사, 2010, pp. 189-190.

46) 박문호, 뇌-생각의 출현, 휴머니스트, 2008.

47) 신동일 교수(중앙대)의 영어 말하기 A to Z, 중앙일보, 2008.12.10.

48) J.O. 옴슨 지음, 장영란 옮김, 아리스토텔레스의 윤리학, 서광사, 1996.

49) 말콤 글래드웰 지음, 앞의 책과 뉴욕 박종세 특파원의 인터뷰 기사, 조선일보,
2009.02 참조.

50) 서유헌(서울의대 신경약리학 교수), 한국경제, 2010.04.16.

51) 김홍수, 장원준 기자, 조선일보, 2009.05.02-3.

52) 이준덕 헬스조선 기자, 조선일보, 2010.02.03.

53) 정해진 시간에 정해진 장소로 출근하는 기존의 방식 대신 IT를 이용해 시간·장소에 구애받지 않고 가정이나 집과 가까운 업무 공간인 스마트 워킹센터 등에서 일하는 근로방식

54) 찰스 파스테르나크 편저, 채은진 옮김, 무엇이 우리를 인간이게 하는가, 원제 *What Makes Us Human?*, 말글빛냄, 2008.

55) 이인식 과학문화연구소장, 조선일보, 2008.07.12. 참조.

56) 모기 겐이치로(茂木健一郎) 지음, 이경덕 옮김, 창조성의 비밀 : 번뜩이는 생각

57) 신동엽(연세대 경영대 교수), 동아닷컴, 2009.03.08.

Chapter 2

58) 신재덕 NDS 사장, '팩토리얼 파워'에서 인용, 행복한 경영이야기, 제105호 (2008.07.11).

59) 여병익, 돈을 부르는 인맥관리 마케팅, 머니플러스, 2007, pp.78.

60) 노자 원전, 오강남 번역, 도덕경, 개정판, 현암사, 2010 발췌 정리.

61) 찰스 다윈 지음, 최원재 옮김, 인간과 동물의 감정 표현에 대하여, 서해문집, 1999.; 라이너 홀베 지음, 박원영 옮김, 아름다운 이웃, 동식물의 신비. 사람과 책, 2003.; 팝뉴스, 코끼리 관련 뉴스, 2006.10.31 등 참조.

62) 라이너 홀베 지음, 박원영 옮김, 위의 책, 2003, pp. 101~112.

63) 뇌 속의 '거울뉴런' … '보는 것'이 하는 것, 「동아 사이언스 리뷰」, 2006.06.23.

64) 제러미 리프킨 지음, 이경남 옮김, 공감의 시대, 민음사, 2010.

65) 김남국 기자, 동아닷컴, 2008.09.20.

66) 이정환 논설위원, 한국경제, 2010.01.28.

67) 히달고 교수, 200만명 휴대폰 통화 조사, 조선일보, 2008.04.29.

68) KISTI제공, 중앙일보, 2005.09.02.

69) http://cafe.daum.net/sohyuomama/GytL/25, 2005.05.09.

70) 히스이 고타로 지음, 서인행 옮김, 3초만에 행복해지는 명언 테라피, 나무한그루, 2007, pp. 37-40.

71) 이민규, 긍정의 심리학, 원앤원북스, 2008, pp. 111-130.

72) 이민규, 위의 책, 2008, pp.125-127.

73) 허은아 외 4인, 서비스경영, 연세대학교 출판부, 2006, p.158.

74) KBS 생로병사의 비밀 13, '신의 선물 웃음', 2003.02.18 방송.

75) 다니엘 골먼 외 2인 지음, 장석춘 옮김, 감성의 리더십, 청림출판, 2003, pp. 32-33.

76) KBS 생로병사의 비밀 13 웃음 및 KBS2 TV, 2008. 10.31.

77) 수전 그린필드 지음, 정병선 옮김, 브레인 스토리(*Brain Story*), 지호, 2006, pp. 176-181.

78) 칼 P.N. 슈커 지음, 김미화 역, 동물들의 신비한 능력, 서울문화사, 2004, pp. 149~150.

79) 신현종 기자, 조선일보, 2011.02.08.

80) 중앙일보, 2006.6.28.

81) 심시보 기자, 매일경제신문, 2011.01.27.

82) 수전 그린필드 지음, 정병선 옮김, 앞의 책, pp. 256-259.

83) 고경순, 문화와 국제광고표현, 커뮤니케이션북스, 1998 참조.

84) 이이다 후미이코 지음, 김종문 옮김, 마쓰시타 고노스케 '경영의 신' 에게 인생

을 묻다, 전파과학사, 2010 참조.

85) 지용근 외 3인, 인간관계론, 박영사, 2004, pp. 142-148.; 고경순, 글로벌 마케팅 2판, 대명, 2006 등 참조.

86) 허은아 외 4인, 서비스 경영, 연세대학교 출판부, 2006. pp. 180-1.

87) 이인식, 앞의 책, 2008, pp. 299-301: 피터 밀러 지음, 이한음 옮김, 스마트 스웜(*The Smart Swarm*), 김영사, 2010, pp.22-54.

*집단지능을 떼 지능 혹은 무리 지능(swarm intelligence)이라고도 함.

88) 현존하는 세계에서 가장 오래된 수종은 일본 가고시마현 오스미쇼토섬의 삼나무다. 조몬스기(繩文杉)라 불리는 이 삼나무는 '원령공주'의 섬 야쿠시마의 산에 있는데 그 수령은 7,200여 년으로 추정된다. 그에 버금가는 장수 수종으로는 북미의 세콰이어 나무가 있다. 지구상에서 가장 오래 사는 식물은 모하비 사막(미국 캘리포니아 남부)에 사는 크레오스트 수풀(떡갈나무 덤불)로 1만 2000년가량 산다고 한다. – 위키피디아의 'Sequioiadendron' 등 참조.

89) EBS TV, 2008.03.22.

90) 고경순, 동물에게서 배우는 경영과 마케팅, 앞의 책, p. 196

91) 비투스 B. 드뢰셔 지음, 이영희 옮김, 휴머니즘의 동물학, 이마고출판, 2003, pp.476-479 참조.

92) 비투스 B. 드뢰셔 지음, 이영희 옮김, 위의 책, 2003, pp. 126-128.

93) 비투스 B. 드뢰셔 지음, 위의 책, pp. 355-356; 매트 리들리 지음, 신좌섭 옮김, 이타적 유전자, 사이언스북스, 2001, pp. 246-247 참조.

94) MBC 자연 다큐멘터리, 야생의 초원 세렝게티.

95) 신현우 외 3인, 창업과 경영원리, 대명, 2008, p. 56.

96) 이유미, 광릉 숲에서 보내는 편지, 지오북, 2004.

97) 사급제도는 대기업이 원자재를 직접 구입해서 협력업체에 일정한 가격에 공급하는 것을 말한다. 협력업체 입장에서는 원자재 구입가격이 안정되기 때문에

가격 등락에 따른 리스크를 줄일 수 있다. 현대차그룹도 이 제도를 시행 중이다.

98) 2010년 10월 말 현재 업체별 점포현황은 롯데슈퍼 239개, 홈플러스 익스프레스 214개, GS 수퍼마켓 190개, 이마트 에브리데이 17개다. 2009년에 비해 업계 평균 30% 이상 이러한 점포가 늘어났다.

99) YTN TV, 2007.06.15.

100) KBS 1TV, 동물의 왕국, 2005.01.23.

101) 나폴레온 힐, '성공의 법칙'에서, 행복한 경영이야기 제1093호(2008.11.12).

102) 고경순, 글로벌 마케팅 2판, 대명, 2006, pp. 116-8.

103) 엄경희, 미당과 목월의 시적 상상력, 보고사, 2003, p. 225.

104) 이성규 · 황의경, 동물과 환경, 선진문화사, 2001, pp. 18-19. 뇌의 시상하부에 있는 교감신경과 부교감신경의 자율적 조절을 통해 생체의 항상성이 유지되고 있다.

Chapter 3

105) 최재천 교수(이화여대), 금융대란(大亂) 앞에 우리는 나그네쥐처럼 행동한다 : 도모노 노리오 행동경제학, 조선일보, 2008.10.25.

106) 조용헌, 조선일보, 2008. 10. 8.
KBS1, 환경스페셜, 2008. 1. 9, Q채널 2007. 7. 31 참조

107) 칼 P. N. 슈커 지음, 김미화 역, 우리가 모르는 동물들의 신비한 능력, 서울문화사, 2004, p. 71.

108) KISTI 미리안의 '글로벌 동향 브리핑', 2010.09.20.

109) 조영탁, 행복한 경영이야기, 2006.01.27.

110) 박종세 특파원, 위클리 비즈, 조선일보, 2010.08.21.

111) 김형자 과학칼럼니스트, KISTI의 과학향기, 제902호(2009.04.15).

112) 스티븐 베리 지음, 권오열 옮김, 세렝게티전략, 2009, pp. 73-78 참조.

113) 스튜어트 골드스미스 지음, 양성찬 옮김, 미다스 메소드(*Midas Method*), 매일
경제신문사, 2005.

114) Paul Johnson(영국의 역사학자, 작가), *Forbes Korea*, 2006.2, p. 32.

115) 모리스 마테를링크 원작, 양혜정 저, 파랑새, 꼬마하늘소, 2004.